El PODER De Un SUEÑO

Toma control de tu vida y lánzate a lograr lo que más deseas

LUIS FALLAS

EL PODER DE UN SUEÑO
Toma control de tu vida y lánzate a lograr lo que más deseas

©2003, Luis Fallas
©2003, Centro de Superación Personal (CSP)

Teléfono: (732) 583-3891
254 Broad Street
Matawan, N.J. 07747

www.centrodesuperacionpersonal.com
Email: info@centrodesuperacionpersonal.com

ISBN 0-9728685-0-X

Diseño de Portada:
Better Graphics

Diagramación:
E-net Graphics

Ilustraciones:
Fernando Barzola

Fotografía:
Roberkim Studio

Impresión:
Litografía e Imprenta LIL, SA

DEDICATORIA

A mi gran amigo y mentor, quien me ha inspirado y enseñado la magia de la motivación **Alex Dey**.

Además a la persona que por primera vez me puso en contacto con todos estos conceptos de superación personal, su apoyo y confianza es mi motivación para dar lo mejor de mí. A mi descubridor el señor **Tulio Turcios**.

Y a todas aquellas personas que luchan día a día por alcanzar sus más deseados sueños.

AGRADECIMIENTO

Con el pasar de los años muchos amigos y conocidos se interesaron en este libro, es por eso que hoy **El Poder de un Sueño** es una realidad. Por lo tanto quiero darles un especial reconocimiento a esas personas que contribuyeron de manera significativa.

Primeramente a mi madre Emilia Solís, por haberme dado el don de la vida y por haber estado a mi lado en los momentos difíciles de mi existencia.

También, quiero expresar mi gratitud y amor especialmente a mi compañera Elizabeth, quien me apoya en cada uno de mis proyectos y me ha dado valiosas sugerencias.

Quiero agradecer a mi amigo Edward Rodríguez quien ha colaborado grandemente en la edición de este libro.

Además, quiero agradecerle al joven Chris Montenegro que sin ningún interés me ha hecho valiosas sugerencias.

Al joven Fernando Barzola quien puso todo su talento y dedicación en cada una de las animaciones de este libro.

Y muchísimas gracias a mi gran amigo Pablo Zabala por su confianza, motivación y apoyo moral.

LECTOR

*P*ara un mejor y más provechoso entendimiento de la obra debemos de establecer un lazo de hermandad entre nosotros. ¿Cómo logramos establecer ese lazo si no nos conocemos? ¡Muy fácil! Tratémonos de "tú". Permíteme; pues, tutearte para cuando nos conozcamos personalmente, en un futuro no muy lejano, nos demos un fuerte apretón de manos, un caluroso abrazo y nos digamos: "Tú y yo caminaremos juntos hacia el éxito y así realizaremos nuestros sueños".

Establecido este acuerdo comienzo por decirte:

TÚ TIENES EL PODER PARA REALIZAR Y VIVIR TUS SUEÑOS.

ACERCA DEL AUTOR

*L*uis A. Fallas, motivador reconocido por su dinamismo y entusiasmo, nació en Cartago, Costa Rica. Desde muy joven se destacó por sus características de líder estudiantil y comunitario. A los 21 años de edad viajó a los Estados Unidos cargado de sueños y buscando nuevas oportunidades. Luis se inició en el campo de los negocios y se relacionó con personas que a través de la motivación personal habían logrado alcanzar sus objetivos.

La influencia de aquellas personas le permitió desarrollar al máximo el talento y el potencial que vivía en él en estado latente.

Fue así como estimulado por estas ideas, tomó la decisión de estudiar Programación de Dinámica Mental, el cual es un sistema que estudia las metodologías del éxito, extrayendo lo mejor de cada una de ellas para desarrollar e influir positiva-mente en el ser humano.

Asiste a todo tipo de seminarios que le puedan ayudar en su constante desarrollo personal, logrando así conocer y compartir con grandes oradores motivacionales como: Zig Ziglar, Les Brown y su gran mentor Alex Dey.

En la actualidad, Luis Fallas es el fundador y presidente del **Centro de Superación Personal (CSP)**. Una institución reconocida en los Estados Unidos por capacitar a las personas en el desarrollo de diferentes áreas, tales como: familiar, profesional, liderazgo y empresarial.

INDICE

INICIO

Hola, soy Luis Fallas y te felicito por haber tomado el tiempo y la inversión que requiere este programa de superación personal. Quiero comenzar compartiendo contigo la razón principal que me motivó a escribir este libro. Hace varios años atrás cuando tuve la oportunidad de participar por primera vez en un seminario de motivación, me encontré con cientos de personas que estaban bien emocionadas tratando de aprender cómo crecer y mejorar sus relaciones con los demás; todas salían con una actitud muy positiva compartiendo sus experiencias y expresando el deseo de mejorar; sin embargo el punto que más me llamó la atención fue que la mayoría de esas personas no tenían claro:

- **Por qué hacerlo y**
- **Cómo hacerlo**

Fue entonces, que pude darme cuenta que todo individuo, independientemente de su nacionalidad, estatus social o nivel económico, llega a un momento en su vida en donde se pregunta acerca del propósito como persona. De aquí se derivan las más variadas decisiones; en donde la parte más importante de este proceso de cuestionamiento reside en encontrar un ideal y luchar por su realización.

En cierta ocasión pude leer las palabras del expresidente de los Estados Unidos, Jimmy Carter refiriéndose al tema de la siguiente forma:

"Hemos descubierto que el poseer cosas y el consumir cosas no satisface nuestro anhelo de significado... La acumulación de bienes materiales no puede llenar el vacío de vidas que carecen de confianza y propósito".

Es triste saber que muchas personas dudan que la vida tenga sentido cuando ven las cosas poco agradables que están sucediendo alrededor del mundo. Por lo tanto, es importante que cada uno de nosotros descubra su motivo de vivir; porque el hecho de esforzarse en hallar el porqué de vivir es una de las principales fuerzas motivadoras dentro del hombre; es más, me atrevo a decir, que no hay nada en el mundo que ayudaría tan eficazmente a una persona a sobre-vivir hasta en las condiciones más adversas como el conocer y estar consciente que su vida tiene una razón.

Precisamente el objetivo principal de este libro es que tú puedas identificar:

¡QUÉ ES EXACTAMENTE LO QUE QUIERES ALCANZAR EN LA VIDA!

Porque la vida es mucho más emocionante cuando estás haciendo lo que verdaderamente te gusta hacer.

Cabe tener claro la diferencia entre propósi-tos y metas, los primeros se definen como el objetivo final que se consigue a través del cumplimiento de varias metas. Es entonces cuando definimos nuestro propósito que las metas adquieren significado y podemos enca-minarnos para hacerlas realidad.

La existencia de una razón que nos motive a manifestar la vida que llevamos dentro, hace que nuestras habilidades se agudicen y ayuden a cumplir con nuestra tarea: comprender y encontrarle significado a nuestras acciones.

Un estudio realizado con 1500 personas en donde participaron hombres y mujeres entre 20 y 40 años de edad, el cual tomó 20 años de seguimiento y cuyo propósito era ver qué producía el éxito financiero; el asombroso resultado fue que 83 de ellos se convirtieron en millonarios. Una de las características principales fue que ninguno de ellos tenía como objetivo principal convertirse en ricos, el dinero no era su prioridad; lo verdaderamente importante para estas personas era hacer lo que más les gustaba hacer; esto sin duda nos llevará al éxito en todas las áreas de nuestra vida.

Estimado amigo, es muy importante que tomes en serio y pongas en práctica toda la información presentada en este escrito, pues es el producto de varios años de investigación, estudio, entrevistas a psicólogos, análisis del comportamiento de hombres y mujeres de negocios que han acumulado grandes fortunas y de muchas experiencias compartidas con personas que a través de principios básicos de motivación y esfuerzo, han alcanzado sus metas.

Estoy seguro que todos los conocimientos aquí plasmados, pueden ayudarte a hacer grandes cambios positivos en tu vida.

Como parte introductoria, voy a darte a conocer la definición de algunos conceptos que considero son de suma importancia para el desarrollo y comprensión de este tema.

Con el pasar de los años he conocido a muchas personas de diferentes países y al relacionarme con ellas, me he dado cuenta que todas tienen grandes habilidades y un gran deseo de mejorar sus vidas; sin embargo hay un sentimiento dentro de ellos que los paraliza y les roba las fuerzas para empezar a construir lo que tanto pretenden.

Se preguntará ¿cuál es este fenómeno? Pues bien, es *¡El temor al rechazo!*

Muy dentro de nuestro ser, existe un temor particular, el cual nos hace pensar en la aceptación que podemos tener ante los demás;

Es decir no queremos sentirnos rechazados por nuestra familia, amigos, sociedad o cualquier otra agrupación de la cual participamos; y nos limitamos a no realizar muchos de nuestros sueños solamente por falta de creer un poco más en sí mismos.

En numerosos casos la gente tiene miedo, inclusive de mencionar la palabra éxito, por tal razón analicemos la definición de esta palabra, que ha sido compartida con el público durante años por los motivadores.

¿Qué es el éxito?

Éxito, es una determinación hacia un objetivo específico. Aunque su logro es tan importante, como es la transformación que sucederá en la persona durante el proceso de alcanzarlo.

Podemos decir que éxito significa prosperidad personal: un hogar bello, seguridad económica, dar a tus hijos las

mejores condiciones de vida, obtener respeto de
os demás en el ambiente social y de negocios.

Éxito significa libertad: liberarse de preocu-
)aciones, temores y fracasos.

Éxito significa respeto a sí mismo, encontrar
:ontinuamente satisfacción y felicidad en cada
)royecto que lleves a cabo, por minúsculo que
e considere.

Para algunos es molesto usar el término
:xito, tanto así que lo consideran como una pa-
abra chocante e irreal. Esto ocurre cuando
lefinen a esta palabra como dinero, poder o
)osesiones materiales; lo cual es totalmente
ncorrecto, el éxito lo puede disfrutar quien así
o desee, jamás es algo reservado para unos
:uantos.

Debes saber, que el
éxito está disponible para todos,
aunque para lograrlo hay que
formar buenos hábitos...

¿Qué es un Sueño?

En primera instancia, es importante dejar claro que cuando me refiero a un *sueño*, no son los tradicionales mitos de interpretar la acción mental que existió en nosotros cuando dormíamos.

La psicología, define los sueños como las representaciones en la mente de imágenes o sucesos mientras se duerme. Por otro lado, figuras exitosas como: Walt Disney, Henry Ford, Ray Kroc, los describieron como una obsesión que tomada en serio se tornaría una realidad.

La Programación Dinámica Mental (PDM) que es la metodología que estudia a personas que han triunfado, extrayendo lo mejor de sus conocimientos para transmitirlos e influir en el desarrollo del potencial humano, define los sueños como tus más grandes deseos y nos dice que el poder de ellos, es la fuerza o energía que impulsa al ser humano a realizarlos.

Debes tener muy presente que el primer paso hacia la excelencia es soñar en grande y mantenerse firme en tus convicciones de cambio, debido que es un proceso lento y requiere de continuidad.

Tras analizar cómo te puedo explicar *el poder que tiene un sueño*, recordé a una persona que por su labor tan gratificante y dedicación me ha inspirado. Ella ha cambiado la vida de millones de personas alrededor del mundo, y todo gracias al compromiso que tuvo con su sueño. Me refiero a la Madre Teresa de Calcuta, quien nació en Macedonia en 1910 en una familia de la clase media. Siendo muy joven ella tomó la decisión de dedicar su vida a Dios y ayudar a la gente desfavorecida.

Viajó a Calcuta, ciudad de la India, para iniciar su jornada; muchas personas religiosas comenzaron a seguirla y juntas formaron las "Misioneras de la Caridad". Así cuidaron del hambriento, el desnudo, el sin hogar, el ciego, el agonizante y de todas las personas que se sentían sin amor. Bajo su liderazgo, se abrieron casas en varias ciudades de la India para ayudar a los más necesitados. En 1965, con su sueño hecho realidad comenzó a ayudar a la gente alrededor del mundo. Ella es probablemente la mujer más admirada de nuestros tiempos; recibió numerosos premios por su trabajo sobresaliente y viajó por diversos países pidiendo apoyo para su causa. La Madre Teresa falleció en Calcuta el 5 de septiembre de 1997 a los 87 años de edad y hoy en día millones de personas continúan beneficiándose de sus obras las cuales se llevaron a cabo gracias a la realización de un sueño.

Ahora mi amigo, en este momento quiero que pienses y escribas algún sueño grande que siempre hayas querido lograr...

Siempre he querido lograr:

_____

_____

_____

Estoy seguro que existen sueños en tu vida que puedes lograr y en un principio quizás no crees poder alcanzarlos. Te sugiero que empieces a repetirte la frase **¡Sí se puede!** porque es posible que puedas cumplir tus sueños. Es comprensible que muchas veces existan dentro de ti sentimientos de temor y tal vez dudes de ti mismo, pero si tus sueños significan todo para ti, tanto que tu vida no tendría sentido sin ellos, debes empezar a hacer del temor tu amigo, cambia lo que piensas de ti mismo, mejora tu autoimagen, pero sobre todo ten fe en que tus más valiosos sueños se harán realidad.

Cuando yo determiné ser orador motivacional, comencé a participar en seminarios para aprender de oradores como: Anthony Robbins, Brian Tracy, Zig Ziglar, Les Brown, entre muchos otros. También estudiando paso a paso a mi gran mentor Alex Dey, y con un enfoque positivo en mis pensamientos, me concentré en visualizar mi sueño y hacer todo lo necesario para alcanzarlo.

Es entonces cuando me cuestiono el porqué

de tantas personas que veo por la vida tratando de convencerse a sí mismos que no pueden hacer algo productivo con sus propias vidas. Recuerda que somos libres para elegir, somos capaces de escoger si luchamos intensamente por alcanzar nuestras metas o trabajamos para construir los sueños de otro.

Sé consciente y ten muy presente que **¡Sí se puede!** Mira a tu alrededor y encontrarás cientos de personas que han adquirido lo que deseaban, por lo tanto si otro ser humano ha hecho posible su sueño, tú también lo puedes hacer.

Generalmente el tener un limitado horizonte de aspiraciones y escaso deseo de superación, provienen de la baja auto-confianza y autoestima. Debemos de tomar conciencia de nuestra función como seres capacitados para el crecimiento y dejar que las ganas de aprender y desarrollarnos permanentemente nos guíen por los senderos de la vida.

Fundamentalmente, son tres aspectos los que se relacionan con el deseo de superación:

PODER: consiste en desarrollar cualidades personales y potencial para hacer algo. Es tener la capacidad para emprender un nuevo reto. Todos nosotros podemos realizar cuanto nos propongamos en la medida en que así se determine.

QUERER: es la motivación para crecer, tener la voluntad o determinación para ejecutar algo. Debes ser consciente que haces las cosas por un deseo propio y que será esencial para mantenerte en pie de lucha porque lo que vayas a hacer necesita esfuerzo y firmeza, renuncia y sacrificio, y que para llegar al final, al éxito, es precisa una dedicación diaria.

SABER: que implica dominar nuestros pensamientos. Con el fin de lograr lo que se haya establecido, debemos saber hacia donde queremos caminar. Tienes que establecer una serie de prioridades y metas. Porque no importa de donde vienes o donde llegaste, sino a donde te diriges y si no sabes eso cualquier lugar sirve.

Recuerdo a un gran amigo que me decía: "Luis, nuestros sueños ya están inventados, están allí esperando por nosotros, ahora depende de nosotros ¡cuándo ir por ellos!"

Nunca olvides que: "Un sueño en tu corazón, te desarrolla la actitud para alcanzar el éxito".

Para lograr la proporción correcta entre nuestro cuerpo, mente y espíritu, es vital asociar un estilo de vida sano con el uso equilibrado de la mente, pues es en ésta donde se crean los pensamientos.

La actitud mental positiva es la manera correcta de actuar ante una determinada

"Sólo quien programa su vida con optimismo, logrará alcanzar sus metas"

◆

situación; por resultado es un principio fundamental en la ciencia del éxito. No se puede pretender alcanzar el máximo beneficio de lo que se proponga hacer sin emplear y mantener una actitud positiva todo el tiempo.

Es conveniente hacer la diferencia entre el pensamiento positivo y la actitud mental positiva; el primero consiste en saber conceptos de motivación personal, por lo que no es lo mismo repetir una frase de autoayuda a realizarla con la fuerza que le da el contenido para que se impregne en el subconsciente y éste la haga realidad. Véase este ejemplo: una idea errónea es **"Soy un perdedor"**, el pensamiento positivo será **"Soy un ganador"**, la actitud mental positiva correspondiente es **"A veces me desanimo pero si me dedico y me comprometo lograré mis metas"**.

El pensamiento positivo que no va acompañado de una actitud mental positiva carece de fuerza. Solamente la coexistencia de ambos en forma consciente permite activar los buenos pensamientos, facilitando su emisión y la eliminando los malos.

Una actitud mental positiva no lo convertirá en el más rápido, el más inteligente, o el más fuerte. Tampoco eliminará sus problemas, pero sí garantiza el máximo provecho de su potencial y obtención de mejores resultados.

Tener una buena actitud es una elección muy personal afirman los psicólogos. La superación y consecución de éxitos tanto a nivel de pareja como en la vida en general no es cuestión de azar, cada persona construye su propia suerte, está en cada uno el saber aprovechar las oportunidades que nos hagan crecer.

Según el psicólogo Richard Wiseman, las personas a las cuales llamamos "dichosas" por haber encontrado una pareja, un trabajo

"Con buena actitud y espíritu de lucha podemos conseguir lo que nos propongamos"

o amigos, en realidad no es que ha sido casualidad, sino que consciente o inconscientemente han creado su propia manera de vivir. Nuestros logros son producto de aprovechar las oportunidades, alimentar la esperanza de que podemos conseguir lo que nos proponemos, y en ser capaces de ver el lado positivo de las cosas.

Por otro lado existe la teoría de la autosugestión, la cual el psicólogo Emile Coué plasmó con su frase "Cada día que pasa y con la ayuda de Dios me siento mejor y mejor" con este postulado se pretende mejorar algún aspecto de nuestras vidas, ya que implica un mejoramiento de actitud inducido.

Es entonces que los partidarios de una actitud ante la vida positiva, enfrentamos nuestros obstáculos de manera distinta a quien es pesimista, porque reaccionamos reflexivamente buscando posibles soluciones a las dificultades. Es decir primero aceptamos las situaciones que estamos viviendo y a partir de eso buscamos opciones para generar el cambio.

Nosotros podemos elegir el destino a cada instante de nuestra vida, pues ésta se encuentra llena de decisiones. Pero además de controlar esas múltiples decisiones, también podemos modificar nuestra percepción de las cosas que nos pasan. Si te sientes dolido por las cosas externas, no son éstas las que te molestan, sino tu propio juicio acerca de ellas. Y está en tu poder el cambiar este juicio ahora mismo. Vivir es un acto de aprendizaje continuo, en donde uno de los objetivos principales del ser humano es construir su vida con sentido y gozar de ella. Aquí es donde toma importancia el optimismo que le damos a nuestras acciones. En un estudio se concluyó que el rendimiento académico de un alumno depende más de la actitud de éste, que de su coeficiente intelectual. Así, los buenos resultados son obtenidos mayormente por las personas con una actitud positiva y optimista.

Las personas con un alto nivel de expectativas se proponen objetivos elevados y se incentivan por saber lo que deben hacer para alcanzarlos. Las metas entre personas similares son el factor que diferencia sus rendimientos; además el optimismo y la esperanza no permiten que caigamos en la desesperación o la depresión frente a las adversidades. Los pesimistas consideran que los contratiempos constituyen algo irremediable y reaccionan ante la adversidad asumiendo que no hay nada que ellos puedan hacer para que las cosas salgan mejor, y por tanto, no hacen nada para cambiar el problema. Esta actitud no es algo con lo que se nace y por lo tanto se puede cambiar.

La capacidad de motivarnos a nosotros mismos, de perseverar a pesar de las posibles frustraciones, de controlar los impulsos, de diferir las gratificaciones, de regular nuestros propios estados de ánimo, de evitar que la angustia interfiera con nuestras facultades racionales y la capacidad de entender a los demás, se consideran como factores muy importantes en la construcción de una buena actitud.

Existen varias maneras para empezar a tener una buena actitud, entre ellas están:

- La forma como saludas a los demás cada día, debes hacerlo con mucha energía y entusiasmo.

- Cambiando las creencias negativas y reemplazarlas por sueños grandes.

- Desarrollar un plan de acción para poder lograr tus metas y así alcanzar tus sueños.

- No permitiendo que algunas cosas de las cuales no tienes absoluto control te afecten o afecten tu productividad.

- Cambiar la forma en los calificativos cuando hablas con otras personas o contigo mismo.

Es por eso que siempre debes estar preparándote, poniendo buena información en tu mente, leyendo libros, escuchando audio casetes, asociándote con personas positivas y manteniendo siempre una buena actitud porque eso es contagioso; y te digo que es contagioso porque por ejemplo si vas a un funeral, ves a toda la gente triste y llorando y tú también te entristeces casi al instante, o si estás en una fiesta seguramente empezarás a disfrutar junto con los participantes; entonces vemos que la asociación es muy importante o indispensable para tener siempre una buena actitud.

La actitud es un hábito que hay que practicarlo hasta convertirnos en lo que queremos ser y mejorar cómo actuamos frente a cada situación; una buena actitud se debe convertir en parte de nuestro estilo de vida.

¡Cómo Lograr
El Cambio!

Primeramente debemos entender qué significa el término "cambio". Este implica que debemos modificar nuestra forma común y tradicional de vivir, se va a romper un modo de vida para iniciar otro basado en el progreso personal y en el beneficio interno y externo del ser humano. Todo cambio requiere modificar nuestra conducta y hacer una revisión profunda y franca de nuestro quehacer como personas.

El cambio es un valor, por lo que la práctica se debe percibir como un sentimiento y un pensamiento, es decir, debe estar en nuestra conciencia y apreciarse como una necesidad para adaptarse al entorno. El propósito principal de cambiar es eliminar lo malo que hemos estado haciendo, o mejorar nuestras acciones para así encontrar la felicidad.

Para apoyar el cambio con seguridad y confianza, debe existir la motivación, la cual constituye la voluntad para hacer lo necesario para alcanzar las metas. Es decir, el deseo de cambio lo producirá la motivación.

Las fases fundamentales para el proceso de cambio son:

- Deseo de cambiar.
- Definir cuál cambio es el que se quiere.
- Acción para moverse hacia el cambio.
- Estabilizarse bajo las nuevas condiciones.
- Mantenerse en constante mejoramiento de ideas.

Por otro lado, debemos estar conscientes que también existe la resistencia al cambio, pues nos da temor lo nuevo, ya que a menudo nos conformamos con lo que poseemos, pues es parte de la naturaleza humana, resistir al cambio. El cambio no se puede imponer, por el contrario debe ser voluntario y por convencimiento propio.

Se mencionan las siguientes fuerzas restrictivas a los procesos del cambio, para identificarlas y eliminarlas:

- Estado confortable.
- Miedo a lo desconocido.
- Temor a las consecuencias desfavorables.

- Inseguridad sobre la propia capacidad para adquirir nuevas destrezas.
- Dificultad para resolver el desacuerdo entre creencias previas y la realidad presente.

El cambio deber verse no como una amenaza sino como un beneficio, como algo que lleva a una vida más próspera para todos, es algo positivo, pues hará de cada uno de nosotros un ser que lucha, gana y se fortalece en el bien, para vivir con espíritu alegre.

Presta atención a la siguiente información, que te ayudará a crear el cambio en tu vida. Te voy a exponer cómo es que todos realmente podemos hacer lo que queremos con lo que tenemos.

El día del hasta aquí

El ambiente en cual vivimos es cambiante y por lo tanto no podemos esperar a que las condiciones que nos rodeen sean las mejores para comenzar a darle vida a nuestros proyectos e inquietudes. Mira tus manos y piernas, camina, tócate, escúchate, mírate; piensa en ti, tu cerebro tiene como 8 billones de células que guardan y procesan infinita información; por si fuera poco estás formado por 23 cromosomas de tu padre y 23 de tu madre, así comenzó el ser que eres hoy; existen alrededor de 6 billones de personas en todo el mundo y ninguno es exacto a ti; pero tú eres el único que puede luchar por alcanzar tu propia felicidad, nadie más lo va a hacer por ti; debes triunfar por lo que eres y con lo que tienes sin buscar excusas.

En un estudio realizado a 300 personas exitosas, de las cuales 3 de cada 4 venían de condiciones completamente adversas, muy pobres, de familias separadas, incluso hasta eran rechazados por los padres, más de un cuarto de estas personas tenían deficiencias físicas, pero ¿sabes? Ninguno de ellos dejó que eso los convirtiera en unos seres fracasados; sino que al contrario, hicieron de sus defectos físicos un arma de lucha pero sobretodo de valor y ejemplo para muchos que están sanos poniendo excusas y limitándose a sobrevivir.

Con respecto al trabajo que desempeñas en

este momento ¿te está permitiendo avanzar hacia tus objetivos? Yo se que tú tienes posibilidades de lograr tus metas aún en donde te encuentras. Mi consejo es que empieces con lo que tienes a mano ahora, porque sólo así vas a hacer la diferencia en el mañana, un gran ejemplo de lucha para tus hijos y dejar el mejor legado para tu descendencia.

Según encuestas la mayoría de personas con gran poder económico en nuestro planeta han surgido desde muy abajo, es decir empezaron desde condiciones muy pobres, y han surgido porque han tenido ese deseo ardiente de alcanzar su libertad. Yo estoy seguro que tú también lo puedes lograr.

Sin embargo, durante el tiempo de investigación para escribir este libro, analicé porqué la gente a pesar de querer mejorar su vida escuchando casetes de motivación, asistiendo a seminarios de superación personal y leyendo libros con técnicas para alcanzar objetivos, en ellos nunca sucede esa gran transformación tan añorada. Fue entonces que durante algún tiempo por las noches me preguntaba: ¿Por qué las personas teniendo los conocimientos necesarios no hacen ese cambio dentro de ellos que les permitirá crecer? Hasta que un día encontré la respuesta y descubrí que más allá del querer, existe una determinación por cambiar para siempre y lo quise llamar con palabras bien simples **"El día del hasta aquí"**; que corresponde al momento en el cual, ese deseo ardiente por mejorar tu vida supera cualquier sentimiento de comodidad y paralización.

Cuando sientas que ya no puedes seguir así, cuando te digas a ti mismo: esto se acabó, basta de hacer las cosas a medias, de medio planear, de medio trabajar; estarás rompiendo las cadenas de la mediocridad e iniciando una nueva etapa de prosperidad en tu vida.

Puedes notar que grandes mejorías en

muchos seres han sucedido cuando llega este día; por ejemplo, muchas personas dejan de tomar licor cuando tienen un terrible accidente, otros empiezan a cuidar la salud cuando un doctor les informa que tienen una peligrosa enfermedad y también he podido comprobar que muchos empleados se preocupan por hacer bien el trabajo cuando les dan la última oportunidad antes de ser despedidos.

De aquí en adelante la diferencia entre llegar y no llegar a realizar tus sueños, depende del valor para empezar pronto a hacer que las cosas sucedan.

Porque existen dos clases de personas:
Las que hacen que las cosas pasen
y las que dejan que pasen las cosas.

El Potencial Humano

El propósito de este tema es que te des cuenta del potencial que existe dentro de ti y aprendas a controlar tus estados mentales.

Hace varios años, en una universidad en Los Ángeles, California se llevó a cabo una investigación para saber si era posible diseñar una máquina tan poderosa y tan potente como la mente humana.

Después de varios meses y grandes estudios en ese proyecto, llegaron a la siguiente conclusión: la máquina sería más grande que un edificio de 12 pisos, requeriría la misma energía que una ciudad de medio millón de habitantes y tendría un costo aproximadamente de 100 millones de dólares construirla.

Aún así, esta máquina tendría una gran diferencia en comparación con la mente humana: no podría crear un pensamiento, lo cual demuestra que no existe instrumento sobre la tierra capaz de compararse con nuestra mente.

Al analizar esta información, nos enteramos

que sobre la faz de la tierra no existe otro ser con igual capacidad para razonar y desarrollar sus habilidades mejor que el ser humano. Lo cual nos coloca en ventaja y con mayores razones para luchar por nuestros propósitos en la vida. Depende de cada uno de nosotros empezar a desarrollar esa riqueza interna y a aprender a utilizar esta valiosa computadora: la mente, a nuestro favor.

Es importante destacar que nuestra mente está dividida en dos partes principales: la mente consciente y la mente subconsciente.

La mente **CONSCIENTE** abarca el 5% de la reserva mental: aquí es donde se generan los deseos, mandatos e ideas, y *su función es controlar los 5 sentidos.*

La mente **SUBCONSCIENTE** corresponde al 95% de la reserva mental: aquí encontramos las creencias, complejos, limitaciones personales y hábitos. *La función del subconsciente es obedecer.*

51

Consecuentemente, debes tener cuidado con tus pensamientos, porque actuarás y harás lo que tú pienses. En la mente subconsciente existen muchas células, llamadas neuronas y existe en ellas gran capacidad de retener información. Debes saber que tu mente subconsciente no tiene sentido analítico y por lo tanto no conoce la diferencia entre lo bueno y lo malo, es por eso que siempre debes mantener pensamientos positivos.

Es importante comprender, que todos los cambios del ser humano están basados en la forma de pensar.

¿Sabes cómo se forman los hábitos y las creencias? Es tan simple que muchas veces puedes estar formándote malos hábitos o estar formándoles malos hábitos a tus hijos sin saberlo. Lo que necesitas hacer es repetirte la misma acción varias veces para que se "cristalice" en tu subconsciente, de tal manera que llegue un día en que éste lo acepte y con ello hará las cosas de manera automática.

Recuerdo a un comerciante de mi pueblo,

quien tenía el hábito de fumar constantemente y mantenía siempre un cigarrillo en su boca, pero lo más curioso era que en muchas ocasiones ni siquiera estaba encendido.

Por la versatilidad del ser humano para cambiar su conducta, se pueden eliminar de la mente todos los complejos, limitaciones personales y demás ideas que tienes programadas hasta hoy, de la misma manera en que fueron instaladas; solamente repite lo bueno y necesario para tu vida de siete a diez veces diarias hasta que lo creas y lo grabes en tu subconsciente. Estando clara esta idea, de aquí en adelante podrás tener pleno control de tus circunstancias y así poder controlar la depresión, el temor y otras enfermedades psicológicas.

Desde que te levantas debes decirte frases positivas, darle gracias a Dios por otro amanecer, aprecia todo a tu alrededor, disfruta cada instante y vive intensamente. Enfócate en tus sueños, en las cosas bellas y verás que puedes ser mucho más feliz.

Además de provechoso es conveniente que

aprendas a controlar tus pensamientos y aprendas a explotar este recurso tan poderoso como es la mente humana.

Por otro lado si acaba de suceder una

Las personas con éxito tienen algo en común, todos piensan lo siguiente:
"No hay mal que por bien no venga"

tragedia en tu vida, si estás atravesando o has pasado por la dolorosa experiencia de un divorcio, si estás en bancarrota, o si te sientes totalmente mal, permíteme decirte que esos sentimientos de dolor y muchas veces de frustración son temporales, lo que es verdaderamente importante es la interpretación que le das a lo que estás viviendo.

De aquí en adelante todo lo que te suceda será una lección para que progreses no una razón para desanimarse; debes ser positivo y anticipar siempre lo bueno.

Mejora Tus Hábitos

El término *hábito* hace referencia a una manera constante, uniforme de responder ante estímulos determinados y específicos. La adquisición de hábitos está sujeta a las leyes del aprendizaje, es decir para la implantación de un hábito deben actuar los reforzamientos ya sean directos o indirectos; la persona que realiza un hábito debe recibir un beneficio de no ocurrir esto, el hábito tiende a desaparecer.

Los *buenos hábitos* son como frutos que recibimos después de practicar una buena acción hasta que se hace costumbre. Si logramos desarrollar ciertos hábitos buenos, esto nos llevará a adquirir los valores asociados con dichos hábitos y que como consecuencia nos comportemos de acuerdo a los principios correspondientes.

Los buenos hábitos se reconocen porque tienen 4 características esenciales: nos hacen crecer, nos hacen ser mejores, nos enorgullecen, y nos unen con nosotros mismos y con los que nos rodean.

Esto funciona para todos, trabajadores de alto nivel o empleados generales de alguna empresa, ricos y pobres; si deseas tener éxito en la vida lo podrías lograr llenándote de buenos hábitos que te encaminen hacia ese objetivo.

Pondré un ejemplo sencillo para explicar este tema y así animarte a emprender la carrera de acumulación de buenos hábitos.

Alejandro era un joven que se había graduado de la universidad hacía dos años y aún no conseguía empleo. Él se encontraba deprimido, tanto, que se levantaba muy tarde todos los días y no hacía más que perder el tiempo en ver la televisión y salir a la calle a pasear. Todo en su vida se había vuelto un verdadero desorden y no sabía que hacer. Lo único que tenía claro, era que las cosas entonces no se presentaban fáciles.

Como Alejandro no hacía más que pensar en lo malo, su depresión aumentaba y fue así, como dejó de salir a buscar empleo. "No hay trabajo" - decía, para justificar su pereza-

Aquí podemos identificar que Alejandro estaba lleno de malos hábitos: Se levantaba tarde;

perdía el tiempo evadiendo su realidad con entretenimiento; tenía una actitud negativa hacia el futuro; había desistido en buscar alternativas.

Estos cuatro hábitos en ningún momento harían que Alejandro llegara a conseguir algo en su vida. Por la simple razón de que para encontrar algo hay que buscarlo; para dar una buena imagen hay que tener actitud positiva. Definitivamente tampoco era buena idea evadir la realidad con distracciones, pues éstas solo estaban atrasando el momento de decisión que tarde o temprano, Alejandro tenía que tomar. Y por último, se había predispuesto que no había opciones.

Ahora dime ¿qué quieres lograr tú?, ¿cuándo lo quieres lograr?, ¿qué malos hábitos te están impidiendo realizar lo que quieres?, ¿qué nuevos hábitos hay que agregar para que te lleven a donde quieres ir? Ahora un consejo más: *da un paso a la vez.*

¿Qué hacer en situaciones como la del ejemplo anterior? Darse cuenta que haciendo lo mismo, no se puede esperar resultados distintos, por eso, decídase a cambiar sus hábitos y empiece un nuevo camino. Deje de preocuparse por el futuro y empiece a ocuparse en el presente. Levántate temprano para desayunar bien, bañarse y arreglarse. Atrévete a eliminar los malos hábitos para cambiarlos por aquellos que te harán progresar.

Examina tu estilo de vida: la base del cambio está en la capacidad de conocer tus hábitos buenos y malos, para apoyarse en los primeros y corregir los segundos. Te vas a sorprender de ver cómo pequeños arreglos producen grandes transformaciones en tu salud y en la de tus seres queridos, que se traducen en mejor calidad de vida y en un disfrute pleno de tu existencia.

Los malos hábitos, hacen a las personas caer en estados de conformidad, entre los más comunes se encuentran:

- La pereza
- Los temores
- Las Excusas
- Perfeccionismo
- Postergación

- Conformismo
- Autoengaño
- Dificultad en decir: NO
- Falta de autoevaluación
- Falta de un plan de acción

Hazte un diagnóstico: define cuál es tu condición actual y analiza cómo te estás comportando contigo mismo.

¿Cuidas de tu salud física, mental y espiritual?

❑ Sí ❑ No

¿Llevas una dieta balanceada?

❑ Sí ❑ No

¿Evitas el fumado o el alcohol en exceso?

❑ Sí ❑ No

¿Te haces un chequeo de rutina?

❑ Sí ❑ No

Así, formulándote este tipo de preguntas podrás descubrir el cuidado que te das y establecer un plan para mejorar tu salud e integridad a través del cambio y mejoramiento de hábitos.

Si estableces pequeñas metas a lo largo de tu

plan para mejorar tu actitud por ejemplo, que sirvan de medidores de tu avance, lograrás mantenerte motivado por los logros que obtienes, y en caso que sea necesario, hacer los correctivos necesarios para cumplir con lo propuesto.

Como consecuencia de adquirir buenos hábitos, podrás disfrutar de excelentes relaciones con tus familiares, amigos y allegados; también tu autoestima y tus valores crecerán; asimismo en la salud se evitan muchas enfermedades y se controlan mejor situaciones como el estrés, la depresión, en sí ocurre un mejoramiento total en tu estilo de vida.

Desarrolla Buenos Principios

¿Sabes qué?, cuando pregunto a las personas en mis seminarios cuáles son buenos principios para ellas, casi todas mencionan ejemplos como: disciplina, fidelidad, liderazgo, responsabilidad, honestidad, y están en lo correcto, por eso no voy a profundizar explicándolos porque tú los conoces también.

Pero quiero recalcar, si eres una persona que

verdaderamente quieres alcanzar tus sueños y vivir ese estilo de vida que siempre has anhelado, debes establecer un vínculo muy estrecho con los buenos principios y saber que más allá del deseo, del esfuerzo y del trabajo, existe un poder especial que atrae todos los medios necesarios para lograr todo lo que te propones. Es algo que ninguna persona puede dártelo, eres únicamente tú el factor determinante y todo esto se puede resumir en una palabra: *ENFOQUE.*

El enfoque es una cualidad que debemos aprender a dominar; necesitamos centrar nuestro esfuerzo y mente en algo específico.

"El ser humano no logra lo que quiere, sólo logra lo que se enfoca"

Debes saber que vas a tener que sobrepasar muchos obstáculos porque nada que valga la pena es fácil; y quizás hayan algunos momentos en los que pienses que sería mejor desistir, pero si verdaderamente quieres mejorar tu vida, tu fortaleza y fe te ayudarán a seguir adelante y no desmayar ante las situaciones que se avecinarán en el trayecto hacia el logro de tus objetivos.

Hay un pensamiento que dice que el éxito es escurridizo y se esconde muy bien para estar seguro que únicamente personas con una determinación implacable lo alcancen. Esto me hace recordar acerca de una historia que escuché sobre las olimpiadas de México 1968. En la carrera de 100 metros planos, todos los que estaban en esa competencia tenían el deseo ardiente de ganar, se habían preparado por años para ello, lo habían puesto todo de su parte, muchas horas de entrenamiento, buena alimentación, todos iban por la medalla de oro puesto que habían pasado y ganado muchas competencias para estar en los Juegos Olímpicos. Ocho jóvenes llegaron a la pista, se prepararon, el tiro sonó y todos corrían al máximo dando el todo por el todo para alcanzar su objetivo. Pero lo más emocionante fue darse cuenta que la diferencia de tiempo entre el primero y segundo lugar no superaba la mitad de un segundo.

Piensa acerca de esto, ¡menos de la mitad de un segundo! esa pequeña diferencia le dio la medalla de oro al atleta estadounidense Jim Hines, convirtiéndose así en el primer hombre en recorrer esa distancia en menos de diez segundos, sobre el jamaiquino Lennox Miller, quien se había mantenido durante toda la carrera en primer lugar. Muchos se preguntaron ¿cómo eso podía ser posible? pues así de simple, cuando Miller casi llegando a la meta y seguro de que ganaría la carrera, volteó para ver hacia atrás al resto de sus compañeros, fue en ese momento que Hines quien hasta en sus últimos pasos se mantuvo enfocado y nunca pensó en rendirse; pudo pasarle así al corredor que por fracciones de segundo perdió el enfoque.

El mensaje de este ejemplo es muy claro, si estás luchando y haciendo todo lo posible para alcanzar todos aquellos objetivos que te has propuesto, te has preparado lo suficiente, has trabajado arduamente y estás seguro que ese premio finalmente será tuyo; entonces debes enfocar tu meta y nunca vuelvas a ver a ningún lado que no sea tu sueño.

El que llegues o no a tus sueños depende

única y exclusivamente de ti, de la responsabilidad y determinación con la que vayas al encuentro de ellos; y como ya te mencioné todos sabemos que no es fácil, que muchas veces debemos limitarnos de ciertas cosas y comodidades para llegar allí, por lo tanto es el esfuerzo y sacrificio con un claro enfoque los que te harán lograr el estilo de vida que anhelas. Ahora, si conoces la importancia de ser una persona con buenos principios y no lo pones en práctica en tu vida, no te digo que te estás alejando de tus objetivos, pero tampoco te estás acercando a ellos, porque uno de los efectos más grandes del desenfoque es que te hace perder los sueños.

Áreas principales

Para lograr el desarrollo equilibrado del ser humano, se deben satisfacer sus necesidades básicas, las cuales se distribuyen en cuatro áreas principales: espiritual, mental, física y social; no obstante existe la tendencia a prestar más atención a un aspecto de nuestra vida. Pero ecordemos que somos seres integrales y que no debemos separar nuestras partes, los componentes de nuestro cuerpo y espíritu; es decir, somos un todo, y cuando tomemos conciencia de esto, encontraremos el equilibrio humano.

Área espiritual: Te da a conocer que existe una fuerza más grande que tú. Te da la fe y la convicción de que podrás alcanzar tus sueños. Cuando sientas la necesidad de fijar metas designadas a devolver a la humanidad algo de lo que has recibido, puedes estar seguro que tu área espiritual está trabajando.

Área mental: Se preocupa de los aspectos que elevan y expanden tu mente y tu intelecto. Se encarga de enviar aquellos mensajes acerca de la importancia de estudiar y de enriquecer tu cultura. Siempre está buscando la manera de identificar aquellas oportunidades de adquirir o mejorar tus habilidades profesionales.

Área física: Se mantiene recordándote la importancia de tener un cuerpo saludable, te motiva a hacer ejercicio y a evitar los vicios como el fumar, consumir bebidas alcohólicas, el uso de estupefacientes y el exceso de comidas.

Área Emocional: Está constantemente animándote para que compartas con otras personas y manteniendo las buenas relaciones con quienes tenemos contacto; además la presencia activa dentro de la sociedad, nos hace tomar las cosas no tan en serio; sin embargo, tú debes comprender que no sólo debes hacer aquellas cosas que disfrutas, sino disfrutar aquello que debes hacer. Esta área es fundamental para tu desarrollo físico y mental.

El logro de tus sueños y la autorrealización como ser humano será el resultado de un balance equilibrado en cada una de estas áreas. Para crecer eficientemente, se deben relacionar todas las áreas de forma indivisible, concediéndole a cada una del tiempo y cuidado necesario.

Controla tus emociones

Estoy seguro que eres una persona con grandes habilidades, talentos y bendiciones con los cuales has sido dotado. Lo que quiero decir es que tú eres escogido para hacer cosas extraordinarias en la vida por eso estás hoy estudiando esta información y nada te traerá más satisfacción que desarrollar tu máximo potencial y hacer lo que verdaderamente deseas hacer.

Cuántas personas conoces que no tienen un solo objetivo en su vida y tú las escuchas siempre expresando su insatisfacción con lo que hacen mediante comentarios negativos como: "Quiero que el día pase rápido", "Todo lo que estoy haciendo no sirve de nada". Crean todo tipo de excusas que les sirvan para justificar su mediocridad y poca entrega para luchar por una vida mejor.

Nada es más bello en la vida que hacer lo que

te gusta, nada hay más hermoso que la autorrealización y esa nadie te la puede dar, necesitas ganártela. Haz los cambios necesarios en tu vida para hacer lo que más te gusta, ese día iniciarás el camino hacia tus sueños; pero muchas veces debido al **Miedo** te frenas, tienes grandes ideas pero no quieres que nadie se entere de ellas por temor a quedar mal frente a los demás. Podrías mejorar tu estilo de vida, pero no lo haces por dudar que funcione o te rechacen; esta emoción es la que más retrasa el desarrollo del potencial humano.

Lo que debes hacer cuando sientas la emoción del miedo es darle gracias, porque realmente está advirtiéndote que algo desagradable puede suceder y sirve para tomar precauciones y seguir adelante.

Debes practicar de aquí en adelante la emoción llamada **Valor** y luchar por tus sueños, aunque en muchas ocasiones la duda te va a llevar a pensar que hay muchas razones por las que no deberías, pero las emociones te dirán **¡Sí se puede!**

Recuerda, han existido hombres extraordinarios que practicando el valor han realizado grandes descubrimientos para la humanidad. Tú puedes ser uno de ellos.

¡Haz las cosas con valor!

Existen otras dos emociones que también practicas a diario, se producen en el mismo lugar en el cerebro por lo tanto se dice que son fuerzas iguales pero con diferente dirección, éstas son el **Placer** y el **Dolor**.

Cada vez que tomamos una decisión involucramos placer o dolor y todo lo que se hace en la vida es para aumentar placer o para disminuir dolor.

Por ejemplo: los gimnasios todos los días están llenos de personas dispuestas a seguir programas de ejercicios, dietas y vitaminas para lograr una bonita figura. Ahora, porqué verdaderamente quieren lograr esa figura, para aumentar placer de lucir saludable o para evitar dolor de lucir gordos. Sin embargo, muchas personas a pesar del deseo de bajar de peso no pueden mantenerse en los programas, porque relacionan los ejercicios, dietas y vitaminas con dolor y los oyes diciendo que se necesita mucho tiempo, quejándose por los ejercicios tan duros y todo tipo de excusas; de tal manera que si hay algo que no te gusta hacer, es porque lo has relacionado con dolor.

Probablemente te has dicho "No me gusta hacerlo" y lo has repetido tantas ocasiones hasta autosugestionarte.

No olvides que la mente subconsciente ha sido diseñada para obedecer, pero ¡cuidado! porque de la misma manera que cumple los buenos pensamientos, también cumple los malos.

Como podrás notar, la mente controla todo tu cuerpo; depende de tus pensamientos y la interpretación de las cosas que te suceden lo que hará tener una vida plena y feliz. Ahora, si interpretas o relacionas todo con emociones positivas, o con placer, entonces disfrutarás hacer las cosas que antes no te gustaban.

En cada instante experimentamos algún tipo de emoción o sentimiento. Nuestro estado emocional varía a lo largo del día en función de lo que nos ocurre y de los estímulos que percibimos. Otra cosa es que tengamos siempre conciencia de ello, es decir, que sepamos y podamos expresar con claridad qué emoción experimentamos en un momento dado.

Son tantas las emociones que podemos sentir, que muchas veces es imposible describirlas con palabras, mucho menos lograr una clasificación exacta de las mismas. Sin embargo, a pesar de esta complejidad, según V.J. Wukmir las emociones se rigen bajo dos grandes tendencias, las positivas y las negativas. También se constituyen por dos componentes bien diferenciados los cuales son el cualitativo que se refiere a la descripción de la emoción (amor, amistad, temor, inseguridad) y el cuantitativo que hace referencia a la magnitud de la emoción (mucho, gran, poco, bastante, nada).

El siguiente gráfico representa la relación entre los componentes de toda emoción:

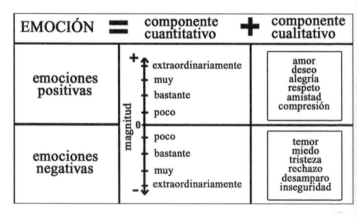

EMOCIÓN =	componente cuantitativo +	componente cualitativo
emociones positivas	+ extraordinariamente muy bastante poco magnitud 0	amor deseo alegría respeto amistad compresión
emociones negativas	poco bastante muy extraordinariamente −	temor miedo tristeza rechazo desamparo inseguridad

Además, las emociones son una respuesta inmediata del organismo las cuales indican qué tan favorable es una situación determinada. Este mecanismo sirve para orientarnos y buscar las situaciones que son prósperas para nuestra supervivencia en armonía.

La valoración emocional es un proceso en donde interfieren mecanismos físico-químicos, y nuestro conocimiento. No obstante, las emociones nacen de procesos involuntarios de los cuales podemos ser parcialmente conscientes.

Un punto muy importante es la valoración que damos a nuestras emociones. Analiza por un momento la importancia que tienen las emociones en nuestra vida cotidiana y rápidamente se dará cuenta de que la mayoría de las veces marcan todas nuestras decisiones casi sin percatarnos. La mayoría de nuestras decisiones están sujetas a emociones.

Hemos aprendido desde pequeños que el sentimentalismo (así se ha llamado al hábito de sentir a flor de piel las emociones y a mostrar en público esa forma de interpretar las vivencias) era propio de personas débiles, inmaduras, con déficit de autocontrol. Sin embargo, todo evoluciona y la convicción de vivir las emociones es ahora un elemento insustituible en la maduración personal y en el desarrollo de la inteligencia.

Adquirir conocimientos técnicos y culturales para prepararnos para la vida profesional es una necesidad, pero a veces olvidamos la importancia de educarnos para la vida emocional. Aprender a vivir es aprender a observar, analizar y utilizar el saber que vamos acumulando con el paso del tiempo. Pero convertirnos en personas maduras, equilibradas, responsables y felices en la medida de lo posible, nos pide también saber distinguir, describir y atender nuestros sentimientos.

Aprender a expresar los sentimientos sin agresividad y sin culpar a nadie, reconocerlos, prestarles atención y saber cómo descargarlos, es uno de los ejes de interpretación de lo que nos ocurre. Cada vez que dudamos ante una decisión o que nos proponemos comprender una situación, no hacemos estas operaciones como lo haría un ordenador o cualquier otro ingenio de inteligencia artificial, sino que ponemos en juego todo nuestro conocimiento personal y nuestra herencia cultural. De ahí que vivir nuestras emociones nos capacita como seres desarrollados en un contexto social. Sólo cuando conectamos con nuestros sentimientos, somos capaces de empatizar con los sentimientos y circunstancias de los demás.

Debemos tener presente que no es más inteligente quien obtiene mejores calificaciones en sus estudios, sino quien pone en práctica habilidades que le ayudan a vivir en armonía consigo mismo y con su entorno. La mayor parte de las habilidades para conseguir una vida satisfactoria son de carácter emocional, no intelectual. Los profesionales más brillantes no son los que tienen el mejor expediente académico, sino los que han sabido vivir y exprimir al máximo sus habilidades.

Según explica el psicólogo Daniel Goleman los principales componentes de la inteligencia emocional son:

Autoconocimiento (o conciencia de uno mismo): se refiere al conocimiento de nuestras propias emociones y cómo nos afectan. Es muy importante conocer el modo en el que nuestro estado de ánimo influye en nuestro comportamiento, cuáles son nuestras virtudes y nuestros puntos débiles. Esto nos permitirá estar más preparados para no dejarnos arrastrar por los impulsos.

Autocontrol (o autorregulación): nos permite no dejarnos llevar por los sentimientos del momento. Es saber reconocer qué es pasajero en una crisis y qué perdura. Es posible que nos enfademos con nuestra pareja, pero si nos dejamos siempre llevar por el calor del momento estaríamos continuamente actuando irresponsablemente y luego pidiendo perdón por ello.

Automotivación: Dirigir las emociones hacia un objetivo nos permite mantener la motivación y fijar nuestra atención en las metas en lugar de en los obstáculos. En esto es necesaria cierta dosis de optimismo e iniciativa, de forma que seamos emprendedores y actuemos de forma positiva ante los contratiempos.

Reconocimiento de emociones ajenas (o empatía): Las relaciones sociales se basan muchas veces en saber interpretar las señales que los demás emiten de forma inconsciente y que a menudo son no verbales. El reconocer las emociones ajenas, aquello que los demás sienten y que se puede expresar por la expresión de la cara, por un gesto, por una mala contestación, nos puede ayudar a establecer lazos más reales y duraderos con las personas de nuestro entorno. No en vano, el reconocer las emociones ajenas es el primer paso para entenderlas e identificarnos con ellas.

Relaciones interpersonales (o habilidades sociales): Cualquiera puede darse cuenta de que una buena relación con los demás es muy importante para nuestras vidas. Y no solo tratar a los que nos parecen simpáticos, a nuestros amigos, a nuestra familia; sino saber tratar también exitosamente con aquellos que están en una posición diferente.

Actualmente son bastantes las empresas que están invirtiendo mucho dinero en formar a sus trabajadores en el campo emocional. Y esto es así porque se han dado cuenta que los resultados de los trabajadores están relacionados directamente con control de sus emociones y el saber reconocer los sentimientos de sus clientes.

Crea el momento ideal

¿Sabes lo que es la vida? La vida es una sucesión de acontecimiento a través del **Tiempo**. Pero a muchos se les acaba y es cuando experimentan el dolor más terrible que puede soportar el ser humano: el dolor del arrepentimiento, fallecen sin haber experimentado su autorrealización, lo cual equivale a no haber tenido muy gratos momentos durante su existencia.

Estimado amigo, que no te suceda esto, no dejes agonizar tus ilusiones, mírate, tienes vida, este es el único requisito para empezar a luchar por tus sueños; no importa la edad que tengas, si existe el deseo de cambiar no hay obstáculo que valga. Pregúntate ¿Qué vas a hacer con el tiempo que te queda de vida?

En los últimos años he conocido muchas personas con un gran deseo de mejorar el futuro de sus familias, pero al hablar con ellos puedo oírlos repetir que no creen estar en el mejor momento para hacer esos cambios o para poner en acción esos proyectos importantes. Y dejan pasar el tiempo y poco a poco se va muriendo en ellos esos sueños y se conforman a vivir con lo que otras personas pueden ofrecer.

Ahora, como he mencionado anteriormente, tienes la capacidad de producir lo que te propongas; por lo tanto si nada te propones, nada vas a producir.

Lo que realmente quiero decirte es que nunca vas a tener el mejor momento para hacer algo si tú no decides hacer de este momento el mejor. Sé que a menudo no es fácil ser fuerte, aún más cuando has perdido a un ser querido; querer ser positivo cuando nada de lo que estás haciendo te está saliendo bien, ser optimista cuando tus amigos y muchas veces hasta los familiares se burlan de tus ideas. Lo sé, no es fácil, porque yo lo he vivido, pero todo esto es solamente la construcción de tu carácter y una prueba para comprobarte a ti mismo si verdaderamente tienes el coraje de luchar por lo que quieres. Pero recuerda algo, cuando crees que ya no puedes más y sin embargo das un poco más, es cuando descubres que **¡Sí se puede!**

El mejor momento de tu vida es el que puedes vivir, es decir: ahora. Convierte todo lo que te suceda en una lección para crecer. No te dejes llevar por los sentimientos momentáneos. Sigue lo que te dice tu corazón, continúa aprendiendo.

Escucha a aquellas personas que te quieren ayudar. Mantente enfocado en tus metas, pero sobre todo, enfrenta la realidad.

Haz de cada momento el mejor y vive siempre apasionado por tus sueños

Teniendo estos conceptos claros, estoy seguro que a partir de hoy comenzarás a hacer grandes cambios positivos en tu vida.

¡Cómo Lograr lo que Tú Quieres!

A continuación desarrollaremos los 10 pasos que recomiendo para alcanzar todo lo que te propongas en la vida.

Primer paso
Definir y Cristalizar

Definir lo que quieres; implica saber cuál es tu sueño.

Por unos instantes quiero que te imagines el tipo de persona que realmente quieres ser. ¿Cómo caminarías? ¿Cómo sería tu físico? ¿Cómo vestirías? ¿Cómo te comportarías? Cuando lo tengas definido en tu mente, habla, camina y condúcete como la persona que tanto quieres ser hasta que lo seas. Empieza a cambiar tu autoimagen, mejora lo que tú crees de ti mismo.

Ahora pregúntate seriamente ¿cuál es tu sueño? Porque esto es lo que le da sentido a la vida. Quizás conoces muchas personas que dicen frases como: "Se ha pasado otro año, que rápido pasó y no hice nada".

Posiblemente le parezca un poco irracional si le pido que empiece por conocerse a sí mismo. Sí, me he dado cuenta que muchas personas vagan por la vida sin saber qué hacer, por el simple hecho que nunca han tomado cinco minutos de su tiempo para preguntarse, ¿qué les gusta hacer?, ¿qué actividades le interesan más?, o ¿qué cualidades desarrollan mejor? Esto significa que en realidad no conocemos bien a la persona que miramos frente al espejo cada mañana. Para empezar a definir lo que deseamos, debemos ser conscientes de nuestras habilidades y deseos.

Tal vez, si has tenido la oportunidad de ver a inicio de cada año las entrevistas por televisión a diferentes personas como artistas, deportistas e inclusive políticos, cuando les preguntan:

¿Qué desean alcanzar en este año nuevo? La mayoría de ellos muy seguros de sí mismos responden: salud, éxito, felicidad, triunfar.

Ahora, si tú fueras un genio y tuvieras que

conceder estos deseos ¿cómo harías? La salud por ejemplo no es tangible si la tienes debes cuidarla; triunfar, en qué; todos tus sueños deben ser bien definidos y específicos.

Escribe ¿qué es lo que quieres alcanzar en la vida?

1._____
2._____
3._____
4._____
5._____
6._____
7._____
8._____
9._____
10._____

Si en la vida no sabes qué es lo que quieres, ¿cómo lo vas a lograr?

Cristalizar lo que quieres; es saber con exactitud y tener imágenes claras de tu sueño.

Ten presente, no es nada fácil ni superficial. ¿Tú sabes dónde vas a estar dentro de 5 años?,

¿bajo qué condiciones y cómo vas a vivir? Recuerda que si en la vida no tienes un plan, llegarás a ser parte del plan de alguien más, así que si no estás planificando tu futuro, automáticamente estás planificando tu fracaso.

Por lo tanto, debes cristalizar tu sueño, para eso te recomiendo que por los próximos 21 días te levantes temprano y todas las mañanas escribas todo lo que quieres lograr, como si al escribirlo se te fuera a conceder; debes ser niño al escribir tus sueños, porque los niños son las personas que tienen más fe. ¿Te acuerdas cuando hacías la lista de regalos para navidad? Los niños piden de todo, así es como debes ser, luego descubrirás el cómo; en uno de los pasos de este libro desarrollaremos cómo hacer un plan de acción para que tus metas se conviertan en realidad, pero lo primero que debes hacer es una lista de los sueños que quieres alcanzar, porque esos sueños pueden marcar la diferencia de que te levantes apasionado o simplemente por las responsabilidades que tienes. Debes saber específicamente qué es lo que quieres, ese es el motivo y cuando lo pones en acción se convierte en la motivación de tu vida, levántate todas las mañanas y escribe allí y al siguiente día notarás que estás escribiendo algunas cosas que escribiste ayer y al tercer día igual, hasta que sepas perfectamente qué es lo quieres en la vida, porque un sueño es algo que quieres ser, hacer o tener; toma el tiempo necesario y lo descubrirás.

Otra técnica bien importante que debes utilizar para la definición y cristalización de los sueños son los laboratorios mentales. Consiste al igual como se revelan las fotos, en un cuarto oscuro, sin luz, solo y en el mayor silencio posible. Siéntate cómodo; deja que poco a poco las imágenes te invadan.

La razón por la cual la oscuridad y la tranquilidad son favorables para que fluyan las ideas y la germinación de tus sueños, es que te pone en contacto más

Porque todo aquello en lo que la mente humana pueda creer, también lo puede realizar.

directo con tu subconsciente, pues te incomunica del mundo exterior; debes dar libertad a tus pensamientos aunque a primera vista parezcan alocados o insensatos; haz una lista de todo aquello que te gustaría tener, mantenla contigo siempre y recuerda que tu subconsciente es una verdadera mina de oro y te conducirá indiscutiblemente a tus sueños si lo pides de manera adecuada.

Además, te sugiero que a menudo busques un parque o un lago tranquilo, ponte cómodo, cierra tus ojos, respira profundo; deja que el estrés se aleje de tu cuerpo, piensa en todo lo bueno que quieres para ti y tu familia; esto te permitirá relajarte y como consecuencia fluirán nuevas ideas que te ayudarán a percibir más claramente tus objetivos.

Segundo paso
Deseo

Siempre que hablo del deseo recuerdo de una pequeña historia que leí en uno de los tantos libros de motivación que he estudiado, la cual contaba de un joven que decidió triunfar a cualquier precio. Este joven escuchó hablar de un sabio que vivía en las afueras de la ciudad y fue a visitarlo para preguntarle el secreto del éxito, viajó por varios días hasta encontrarlo, al llegar allá le dijo: "He viajado hasta aquí porque quiero saber el secreto para alcanzar el éxito".

El sabio al escuchar esto, invitó al joven a dar un paseo por el río en una pequeña barca. El muchacho sumamente emocionado empezó a remar y al encontrarse lejos de la orilla el sabio empujó al joven al agua sosteniéndole la cabeza fuertemente en lo más profundo; después de varios segundos cuando el joven no podía más, el sabio le ayudó a subir a la barca y le dijo:

-Cuando estabas debajo del agua, ¿qué era lo que más deseabas?-

El joven sin pensarlo le contestó:

-Deseaba aire, aire, aire para poder respirar-

Y el sabio le afirmó:

-Solamente lograrás triunfar cuando lo desees de esa misma manera-.

¡Un deseo ardiente en el alma!

Aprende a identificar ese deseo ardiente de triunfo, ¿Sabes cómo? si al pasar un automóvil del año te quedas viendo y dices: "Algún día voy a tener uno de esos", o ves las bellas residencias de la ciudad y dices: "Algún día voy a tener a mi familia viviendo allí" y a lo mejor, tú tienes ese deseo de mejorar tu vida, por eso estás hoy estudiando esta información, por lo tanto, tú no eres una persona común; pues la persona común de vez en cuando se queja con el TODOPODEROSO y le dice: "¡Oh Señor! ¿Por qué a mí no me das una casa así? ¿Porqué yo no tengo un carro del año?" Sabes, si ÉL les hablara diría: -Por que no haces nada al respecto-. La diferencia entre los triunfadores y los mediocres, es que los primeros tienen ese deseo ardiente de mejorar y están dispuestos a hacer todo lo necesario para cambiar sus vidas.

Hay muchas personas que están luchando

por alcanzar sus objetivos, hacen algo y no les funciona y vuelven a intentarlo nuevamente creando nuevas técnicas hasta alcanzarlos.

No olvides, el deseo ardiente del triunfo no lo es todo, es solamente un paso más para la realización de tus sueños.

Tercer paso
Creer

Cada uno de nosotros recorremos los caminos de la vida cargados de creencias que nos inculcaron nuestros padres cuando fuimos niños, luego las que nos legó la sociedad y las que nosotros hemos elegido creer.

Nuestras creencias son un eje muy importante para guiar nuestras vidas. Se debe creer en lo que puedes hacer, creer en la misión que tienes en esta vida y esa misión solamente tú la puedes realizar. Cuando uno empieza a creer en algo grande, el universo conspira a tu favor para que se haga realidad.

Nuestros pensamientos son órdenes que

serán obedecidas y las veremos reflejadas en nuestra vida como experiencias. Si piensas en prosperidad, amor, valor, abundancia y triunfo, actuarás como un imán para ello, atrayéndolo y convirtiéndose así en tu realidad inmediata.

Debemos aprender a creer en nosotros mismos, confiemos en nuestras actitudes, en nuestras capacidades. El amor hacia uno mismo evita la depresión, no nos subestimemos, puesto que lo único que se puede conseguir es la autodestrucción. Es importante comprender que de dónde vienes o dónde estás ahora, no determina tu futuro, debemos eliminar esos pensamientos que nos limitan, por ejemplo muchos piensan que al provenir de una familia humilde, en donde generalmente los integrantes han sido empleados, ellos también lo serán toda su vida, pero no es así; solamente tú determinas que tan alto quieres llegar.

Debes empezar a creer y comienza a convencerte que eres un ganador y vas a triunfar en la vida.

En una oportunidad, fue entrevistado en televisión un hombre con mucho poder económico y le preguntaron ¿qué le podrían decir a las personas que los estaban viendo para que ellos también puedan ganarse ese tipo de ingresos?" Y él respondió: -Primeramente voy a decirte la razón porqué la gente termina vieja, sola y pobre, cuando vivimos en un mundo en donde hay de todo y para todos; la primera razón, es que la gente no cree que puede ganar más dinero y como la gente no cree que puede ganar más dinero nunca inicia a hacer nada al respecto; y la segunda razón es porque lo posponen hasta que es demasiado tarde y entran a la etapa del tal vez algún día, **tal vez algún día** voy a tener esa casa o ese carro, pero por ahora me conformo con lo que tengo y a pesar de tener un sueño nunca lo respaldan con acción y caen en el conformismo-. Resulta asombrosa la plena conciencia que tenemos del valor de las cosas (de un auto, de una casa, de una joya), pero suele ocurrir que no nos valoramos a nosotros mismos. Desafortunadamente, a menudo nos estamos recriminando nuestros defectos, deficiencias, y anhelamos cosas materiales que no poseemos, lo cual se refleja en todos los campos de nuestra vida. Debemos aprender a amar lo que poseemos y creer en uno mismo, sólo conscientes de nuestro valor, iremos cobrando mayor respeto, y esto, en lugar de envanecemos, debe responsabilizamos para exigirnos más.

Si verdaderamente quieres lograr tus sueños debes tomar la decisión de cambiar tus creencias negativas por nuevas y mejores.

Debes creer en ti mismo, por que estás dotado de cualidades específicas y dones únicos, eres capaz de lograr cualquier objetivo que te propongas; debes creer que tu vida va a mejorar, que este va a ser el mejor año de tu vida, que verdaderamente te has transformado en la persona que quieres ser.

Cree en grande, la grandeza de tu creencia determina el logro de tus sueños y el cómo hacerlo siempre llega a la persona que cree poder hacerlo.

◆

Cuarto paso
Decisión

¡Una sola decisión para toda la vida!

El mejor momento para emprender el camino que deseas recorrer, es ahora, no importa tu edad, tu profesión o empleo; hoy es el mejor momento para tomar control y hacer que las cosas que te apasionan pasen; grandes personajes como Zig Ziglar uno de los mejores maestros en el campo de la motivación, comenzó su carrera a los 44 años de edad. El creador de Kentucky Fried Chicken el Coronel Harland Sanders, comenzó a hacer realidad su sueño cuando se retiró de su empleo a los 65 años aproximadamente, mientras buscaba la forma de seguir trabajando creó su receta secreta con

16 hierbas, y ahora nos deleitamos con el famoso pollo frito de KFC; y así como él, muchas personas más han logrado realizarse cuando pensaban que era demasiado tarde. Nosotros también podemos alcanzar nuestros ideales, la manera de saberlo es intentándolo; únicamente así podrás saber qué tan alto y tan lejos puedes llegar por tus propios medios.

Existe una forma muy efectiva para darse valor y motivarse: busca tu propio modelo, es decir a la persona que admiras por haber alcanzado lo que deseas, trata de compartir con ella y verás que la única diferencia radica en la determinación que han tenido por alcanzar el éxito, ellas han hecho un esfuerzo extra y además han creído en su sueño; tú también lo puedes hacer puesto que posees la misma capacidad.

A nuestro alrededor podemos encontrar personas con grandes destrezas y aptitudes, pero que desafortunadamente le dan más importancia a hablar sobre las cosas que pudieron haber hecho en el pasado, y ponen excusas para justificar el porqué no están haciendo lo que les gusta hacer; por ejemplo, *"No nací abogado, ingeniero, cantante, actor, vendedor y así sucesivamente."* Y yo quiero aclarar esto, durante toda mi carrera he viajado a diferentes partes de América y durante mucho tiempo de mi vida he leído periódicos, revistas, he visto noticias de diferentes partes del mundo; lo único que he podido ver es que nacen niños y niñas, hasta ahora jamás he visto que haya nacido un doctor, un ingeniero, o un vendedor. Tampoco he visto u oído que haya nacido un éxito o un fracaso.

Lo que quiero enfatizar con esto es que todos nacemos igual, desnudos, sin pertenencias, pero en algún punto entre el principio y final de la vida, ya sea por elección, preparación o por ambos, nos convertimos en lo que queremos ser, hacer y tener. Todo depende de nuestras decisiones.

De vez en cuando oigo decir: *"Soy un hombre que se levantó por sí mismo"* pero hasta ahora nunca he visto a alguien ponerse de pie y decir: *"Soy un fracaso hecho por mí mismo"* sino que a veces es más fácil señalar a alguien y decir: "No tengo éxito o no soy feliz por culpa de mis padres, o de mi esposa", o "es que mi pareja no me comprende" y otros culpan al patrón o incluso a su vecino.

Algunos dicen que son demasiado jóvenes o demasiado viejos, o muy altos o muy bajos, de color, de otra religión, que son discriminados o que viven en el sitio equivocado. Y lo peor que he escuchado es que nacieron en mal mes o bajo mala estrella. ¿No creen que eso sean solamente excusas? Hoy te motivo a eliminar las excusas, a encontrar culpables, y a tomar mis propias decisiones para hacernos responsables por nuestros propios actos.

Debes saber que dentro de ti existe un poder o una fuerza muy especial que te va a ayudar a realizar todo lo que quieras; no permitas que el temor o las malas influencias te paralicen; escucha la voz dentro de ti que te grita: "¡Vamos, sigue adelante, tú puedes hacerlo! Porque el ser humano fue diseñado para el logro, construido para el éxito y dotado de las semillas de la grandeza.

Cuando tomas tus propias decisiones, te conviertes en un ser independiente lleno de seguridad para enfrentar las situaciones que se presenten; ahora recuerdo que en una oportunidad un amigo me decía: *"Luis, cuando uno toma sus propias decisiones, hasta los fracasos saben bien"*.

Luchando y trabajando por alcanzar tu propia realización es como aprenderás a ver *lo invisible, hacer lo imposible* para *obtener lo increíble*; esto es conocido como Auto-expectativa Positiva, es decir ver con optimismo y entusiasmo los logros que se van a tener en el futuro y eso es lo que cada día y a pesar del cansancio nos motiva y nos da la esperanza de encontrar la libertad que uno tanto ansía.

Lánzate a construir tu propia historia dando a tus sueños la prioridad merecida. Si das un vistazo a los héroes de cada país, se caracterizan por su pasión y entrega por lo que creían, así mismo tenemos que entregarnos con toda firmeza por construir nuestro futuro.

> *Si no es hoy, ¿cuándo?*
> *Si no es aquí, ¿dónde?*
> *Si no soy yo,*
> *¿Quién mejorará mi vida?*

◆

Ahora siendo consciente que debemos aprovechar nuestra vida, descubre qué debes cambiar, mira tu futuro e inicia ahora mismo con estas recomendaciones lo que será el comienzo de una nueva vida.

- Toda meta debe tener un gran significado para ti.
- En cada cosa que realices, da tu mejor esfuerzo.
- Haz lo que te motiva a ti, no lo que motiva a tus familiares o amigos.
- Para triunfar debes ser muy dedicado y valiente.

Nadie está libre de encontrarse impedimentos en el camino, mejor dicho los obstáculos son la prueba obligatoria que nos encontramos avanzando en nuestros proyectos, y gracias a ellos vamos adquiriendo el valor para luchar arduamente. Cada circunstancia que nos permita plantearnos un problema, no se debe considerar del todo como una mala noticia, sino más bien como un reto a nuestro deseo de superarlo.

Recuerda que son grandes impedimentos aquellos que tú pongas en tu mente. No nos dejemos vencer por las dificultades, aún si parecen ser imposibles de superar.

Cada uno de nosotros debemos enfrentarnos ante diferentes dificultades, y a veces temores que hacen dudar de nosotros mismos, yo no sé cuales son tus barreras hoy, pero lo que sí sé, es que aún con ellos, tú puedes ser mejor solamente no dejes que te inhiban o destruyan tus esperanzas.

Los inconvenientes se van a presentar de todas maneras, puede ser en la salud, la economía o lo que es peor y a la vez inevitable con la pérdida de algún ser querido; pero aún en esas circunstancias necesitamos sacar valor para continuar en pie.

También, debemos aprender a evitar las personas que son robadoras de sueños, ilusiones y energía positiva; ellas tratan de mantenerte alejado de tus metas, algunos lo hacen sin intención, son personas muy negativas y si tú estás en constante contacto con ellas sin darte cuenta vas actuando de la misma forma; es por eso que debes tener mucho cuidado al momento de elegir con quien asociarte.

Si en la vida no te decides, alguien más va a decidir por ti. No consiste solamente en decir: "Lo voy a hacer", porque he hablado con algunas personas después de mis seminarios y me dicen bien emocionados: "Ahora sí, nunca voy a renunciar a mis sueños, hoy sí que tomé la decisión de luchar por mi futuro, de comprar esa casa o abrir mi propio negocio y dedicarme a hacer lo que verdaderamente me gusta".

Meses después me he encontrado con algunas de esas mismas personas y ahora soy yo el que está todo emocionado por preguntarles ¿cómo les está yendo con el logro de sus sueños? y la respuesta es la misma; y para no

entirse mal o avergonzarse de no haber hecho
ada me dicen:

-Luis, yo lo voy a hacer, yo estoy decidido a
ograr mis sueños-. Pero lo que esas personas no
omprenden es que para mí, la palabra decisión
e deriva de dos vocablos **Deci** (de decir) y **sion**
(de acción) lo que en conjunto significaría
Decir con acción, y recuerda, esto es una jorna-
a continua y un esfuerzo continuo hacia alcan-
ar predeterminadas y valiosas metas, no es que
e la noche a la mañana lo vas a lograr, primero
efines cuál es tu sueño, tienes
n deseo ardiente dentro de
por lograrlo y sabes que
í puedes; entonces, toma
a decisión de lanzarte
on cuerpo, alma y toda
asión a obtenerlo.

Sabes, si te acostumbras a trabajar fuerte, un
ía se te va hacer el hábito.

Ahora, debes estar dispuesto a tomar la
ecisión de hacer ese cambio dentro de ti, para
onvertirte en la persona que tanto sueñas ser.

Comprende que no puedes cambiar el pasado, pero si puedes hacer algo por tu futuro. Prepárate para mañana trabajando bien hoy. Toma ventaja de tus miedos y decídete a cambiar

Quinto Paso

Reprogramación y Visualización

Reprogramación de tu mente; consiste en volver a programar tu mente con lo positivo y lo bueno.

Quiero que reflexiones acerca de este tema, de dónde vienes, dónde estás y hacia dónde vas y así podrás descubrir el porqué muchas personas no logran triunfar en la vida.

Analiza este ejemplo:

En mi caso, mi hija de tres años, Emily, ha aprendido muchas actividades que le permitirán valerse por sí misma en la vida y durante todo este tiempo yo creía que todo había sido gracias a mis enseñanzas, pero con el pasar del tiempo pude comprobar que ella solamente me imitaba.

Muchos padres al igual que yo creemos que

106

todo lo que nuestros hijos saben es únicamente porque le hemos enseñado; sin embargo ellos muchas veces simplemente han aprendido a imitarnos, cómo hablamos, pensamos y actuamos en general, pues los padres, somos el modelo a seguir.

Los primeros seis años de vida de un individuo son decisivos para la formación y desarrollo de las habilidades y capacidad de aprendizaje. Seguidamente con el ingreso de los niños a las instituciones educativas, se encuentran con diferentes patrones de comportamiento ofrecido por sus compañeros de clase, y es entonces que empiezan a imitar a sus amigos.

Quizás has tenido la oportunidad de ver grupos de jóvenes con características bien propias como usar ropa con estilos extravagantes o tallas muy grandes de colores llamativos, se dejan el pelo largo, todos lucen igual porque para una persona lo más importante es formar parte de su grupo, ser aceptado. La adolescencia es una etapa en donde se experimentan muchos sentimientos y emociones, entre ellas se encuentra

la soledad, la cual hace al individuo sentirs
incomprendido; atravesando así por estados c
ánimo cambiantes y convirtiéndose en prior
dades principales la aceptación de sus amigos
satisfacer sus necesidades sentimentales. Est
tiene mayor prioridad inclusive que cualquic
consejo de sus padres.

Quiero compartir una experiencia que tuv
hace un tiempo atrás cuando era administrado
de un negocio. Un compañero de trabajo, en ur
oportunidad fuera de nuestras oficinas y hablar
do de todo un poco, me decía: -Luis yo compa
to sus conceptos en la forma de administrar
empresa pero muchas veces usted hace más c
lo que debe y déjeme decirle, para los dueñc
del negocio despedirlo no les cuesta nada-. E
ese momento mientras yo escuchaba, pude con
prender que mi compañero tal vez no ten
ninguna mala intención, inclusive me lo decía
según él como un consejo; ahora bien, en prime
lugar esa forma de pensar era una de las justif
caciones del porqué yo era el administrador y n
él; segundo, yo nunca he visto u oído que s

despida a un empleado por hacer el trabajo lo mejor posible y tercero, si yo aceptaba hacer las cosas mediocremente como los demás, evitaría toda posibilidad de lograr un día mis sueños. Es importante saber que una de las razones por la que muchas personas no alcanzan sus objetivos es porque se pasan los días haciendo lo que los demás hacen. Este es un punto clave para todo ser humano, decidir hacer las cosas como los otros dicen o empezar a construir tu propia forma de pensar, teniendo fe de que vas a tener un futuro mejor.

Por eso el mensaje que quiero transmitirte es que tú puedes superarte y lograr tus más deseados sueños, pero primero debes cambiar tus pensamientos negativos y así podrás tomar control de tu destino.

¿Estás desarrollando tus habilidades y conocimientos?

❏ SI ❏ NO

El tiempo te va a hacer más inteligente si a diario aumentas la información en tu mente.

¿Qué estás aprendiendo para incrementar tus habilidades y talentos?

- _____
- _____
- _____

Quiero que cada mañana te preguntes:
¿Cómo puedo ser mejor este día?

- _____
- _____
- _____

¿Qué puedo hacer para saber más?

- _____
- _____
- _____

No importa si eres doctor, agricultor, profesor,

estudiante o ama de casa. Aprende a ser el mejor en lo que haces, disfrútalo y automáticamente irás adquiriendo mejores resultados.

Es importante saber que para mejorar tu vida existen grandes inversiones, como: La inversión de *dinero*; en libros, casetes, seminarios y todo tipo de materiales que ayude a tu reprogramación continua, de hecho todos debemos invertir un 5% de nuestras ganancias totales en nuestra propia capacitación. Recuerda lo que dijo Benjamín Franklyn:

"Vacía tu bolsillo en tu mente, que tu mente llenará tu bolsillo".

Otro tipo de inversión es *tiempo*; debes invertir el tiempo necesario para estudiar y prepararte con todo tipo de materiales que ayuden a tu continua capacitación.

A lo mejor, pedirte que reestructures tu mente subconsciente y cambies los patrones de pensamientos preexistentes puede parecer una petición exagerada, aunque el cerebro humano es capaz potencialmente de tener un número infinito de pensamientos, de analizar situaciones complejas y valorar billones de circunstancias diferentes.

Visualización de tus sueños; se refiere a formar en tu mente una imagen concreta de tus sueños.

Tal vez, todavía crees que eres incapaz de lograr tus sueños; esto es sin duda un error. Antes de continuar, debes liberarte de estas creencias negativas. La persona de éxito a la que tú aspiras ser, no posee poderes mentales o físicos superiores a los tuyos. El logro de tus metas se debe a la aplicación correcta de los poderes que todos tenemos y la creencia en su propio valor y decisión para triunfar.

Es importante aclarar que no tienes porqué mantenerte en tu nivel actual; no aceptes no ser tan bueno como el mejor, porque tú lo eres, puedes alcanzar cualquier sueño que desees, piensa acerca de esto y tu mente se preparará para los próximos pasos a dar.

¡Empieza ahora mismo! Visualízate logran-

do todo lo que deseas; habiendo eliminado toda cuenta por pagar, alcanzando una mejor posición en tu trabajo, eligiendo la universidad para la educación de tus hijos. Imagínate administrando tu propia empresa, manejando el carro de tus sueños, recibiendo una medalla en las olimpiadas, viajando por los lugares del mundo que siempre has soñado o quizás caminando por los corredores de tu casa, jugando con tus hijos y compartiendo más tiempo con tu pareja y amigos.

¿Qué estilo de vida llevarían tus padres en su vejez? No tendrías que ir a un albergue de ancianos a visitarlos; al contrario, tendrían su propio doctor en casa y cuidados durante todo el día.

¿Cómo te sentirías donando 5, 10 ó 20 casas a familias que nunca han tenido un techo? y porque tuviste el coraje de cambiar, muchos niños van a tener dónde vivir, qué comer y dónde educarse, porque eres el fundador de uno de los albergues de niños abandonados del mundo.

Cualquiera que sea tu sueño, refuérzalo con fotos, cuadros con mensajes positivos, paisajes e historias de los lugares a donde quieres viajar, construye con tu familia el plano de tu casa y lee a menudo todas las características de las cosas que deseas.

No trates este ejercicio como algo a hacer cuando tengas tiempo, es una manera de pensar constantemente en tu objetivo. Mientras la gente a tu alrededor dice: "No puedo" o "Es imposible", tú debes decir *"SÍ, SE PUEDE" "ES POSIBLE"*.

Deja ver a los demás lo optimista que eres, demuéstrate que tienes el coraje para hacer lo necesario para lograr todo lo que te propones.

Haciéndolo, empezarás a condicionar tu mente, a creer que puedes triunfar, que puedes alcanzar cualquier meta. Aún más, pensándote constantemente en tus sueños ya realizados, esta imagen se fijará en tu mente fortaleciendo tu deseo de lograrlos y estableciendo la convicción de ser inaceptable cualquier otra cosa por debajo de ellos.

También es muy importante que te rodees de personas que ven la vida como tú la ves, visionarios, personas que siempre quieren alcanzar más, conocedores de que tienen una misión y llenos de pasión por la vida, si realmente quieres mejorar tu forma de vivir, debes alejarte de las personas que quieran robarte tus sueños.

Debes estar dispuesto a capacitarte, a entrenarte, a mejorar tu actitud. Pregúntate:

¿Cuáles crees que son tus puntos débiles?

- _____
- _____
- _____

¿En qué tienes que trabajar ahora mismo?

- _____
- _____
- _____

Analízate a ti mismo y podrás descubrir que eres una persona diferente en comparación a cinco años atrás; tu forma de pensar, actuar, inclusive tu forma de vestir. Cuando desarrollas la convicción de lograr tus sueños todo a tu alrededor cambia, tu actitud cambia, las decisiones, la forma en que gastas tu tiempo cambia y desarrollas una energía constante.

Acción con Dirección

En un estudio realizado hace varios años, trataban de averiguar qué sucede con los jóvenes que salen en busca de su independencia financiera o fortuna a la edad de 17 años. ¿Cuántos la logran verdaderamente al cumplir 75 años de edad?

Aquí veremos los resultados de la encuesta:

a) Uno de ellos gana todo el dinero que quiere para él y su familia; de hecho, puede vivir sin tener que trabajar.

b) Cuatro de ellos logran una independencia financiera y no significa que sean multimillonarios o muy ricos, simplemente viven cómodamente, tienen su casa, su automóvil y dinero en el banco; gozan de un capital que les permitirá vivir sin preocuparse.

c) Cinco de ellos siguen todavía trabajando.

d) 36 ya han muerto a la edad de 75 años.

e) 54 están totalmente arruinados.

Los sueños comienzan en la mente y la acción los convierte en realidad.

Tu plan de acción es el mapa de la ruta que te con-ducirá al logro de tus  sueños, por sí mismo no te llevará más cerca de ellos a menos que lo pongas en acción. Por cada gran idea o descubrimiento que influyó para cambiar el curso de la humanidad, han habido muchos que nunca se materializaron, porque aquellos que los concibieron y quizás trazaron un plan para su consecución, nunca lo pusieron en movimiento.

Si no tienes un plan de acción o si has desa-rrollado un plan excelente y no lo pones en movimiento, no importa que tan bien definidos estén tus sueños, estos nunca se harán realidad. Por esta razón desarrollaremos algunos puntos

117

importantes para un plan de acción y lograr cuanto antes que tú puedas vivir tus sueños, no necesitas más de lo que tienes, solamente comenzar.

Es muy probable que debido a tu entusiasmo y tu deseo ardiente por mejorar algunas cosas en tu vida, tu reacción inicial pueda ser la de brincar hasta el último paso. Ese es precisamente el momento de comprender que el logro de tus sueños es simplemente el resultado lógico de un plan que exige todos los pasos aquí expuestos.

Si supieras que las metas y objetivos que estás a punto de establecer para el logro de tus sueños, nunca podrán ser cambiados, ¿cuánto tiempo e interés invertirías en preparar tu plan de acción?

Para desarrollar un gran plan de acción vas a necesitar ser absolutamente honesto contigo mismo, debes ser realista, pero también valiente y muy optimista. Debes tener fe en ti mismo, en tu plan y estar dispuesto a hacer todo cuanto éste requiera.

Vamos a iniciar tomando en cuenta que ya tienes una lista de tus sueños claramente definidos.

Estos son los sueños que quiero alcanzar en mi vida:

1._____

2._____

3._____

4._____

5._____

6._____

7._____

8._____

9._____

10._____

Recuerda, son tus sueños y tú eres quien tiene que vivir las consecuencias; por esta razón, si es necesario dedícale más tiempo a la cristalización de ellos, asegúrate mantener una lista de tus sueños y léela diariamente. Porque si no sabes hacia dónde vas, ¿cómo pretendes desarrollar un plan para llegar allá?

Debes de identificar las razones por las cuales estos sueños son importantes para ti, haz una lista explicando los beneficios de cada uno de ellos.

1._____

_____

2._____

_____

3._____

_____

4._____

_____

5._____

_____

6._____

_____

7._____

_____

8._____

_____

9._____

_____

10._____

_____

Al escribir estas razones, aumentará tu deseo y creencia por tus sueños, lo que te llevará a lo que es conocido en la Programación Dinámica

Mental como *EL PODER DE UN SUEÑO*, energía o fuerza que desarrolla el ser humano para lograr un objetivo, creando la convicción para luchar por sus metas, vencer cualquier obstáculo y seguir adelante.

Se establece una programación cognitiva que funciona como un sensor, agudizando así todos tus sentidos para que logren captar con mayor facilidad toda la información positiva del medio ambiente que está relacionada con tus metas y produce que el subconsciente se encargue de identificar las oportunidades y desarrollar el camino para conquistar tus más grandes deseos. Clasifica tus sueños en orden de prioridad, con metas a corto, mediano y largo plazo, de acuerdo con la importancia que cada uno de estos tengan para ti, debes ponerle una fecha específica para el logro de tus metas, porque un objetivo sin fecha es simplemente una fantasía. Es más, si no estás dispuesto a poner una fecha específica para el logro de tus metas es mejor que te olvides de ellas, porque van a ser más fuente de dolor y frustración que de alegrías.

Tus sueños en orden de importancia y fecha para su logro son:

1._____
el día_____del mes____del año_____
2._____
el día_____del mes____del año_____
3._____
el día_____del mes____del año_____
4._____
el día_____del mes____del año_____
5._____
el día_____del mes____del año_____
6._____
el día_____del mes____del año_____
7._____
el día_____del mes____del año_____
8._____
el día_____del mes____del año_____
9._____
el día_____del mes____del año_____
10._____
el día_____del mes____del año_____

Esto te ayudará a autoevaluarte periódicamente para verificar el progreso y hacer cualquier ajuste necesario en tu plan de acción.

Debes hacer un inventario de qué posees y con qué puedes contar para comenzar, analiza a quien puedes acudir en busca de ayuda, partiendo de la frase del gran escritor y motivador Napoleón Hill que dijo:

"No hay dos mentes que se unan sin crear con ello una tercera fuerza invisible e intangible que pueda actuar como una tercera mente"

Un factor muy importante, es aprender de aquellas personas que tienen un alto conocimiento en lo que tú quieres alcanzar.

Las personas de las que puedo aprender y esto me ayudaría para el logro de mis sueños son:

Nombre:_____

Tel.:_____

Nombre:_____

Tel.:_____

Nombre:_____

Tel.:_____

Nombre:_____

Tel.:_____

Esto consiste en aprender de aquellas personas que han alcanzado el éxito, sus experiencias, sus triunfos y sus derrotas.

Al terminar este proceso te habrás unido al 3% de personas en el mundo que han escrito sus sueños y aprovechando su máximo potencial han dado estos pasos para convertirlos en realidad.

Hasta este momento has determinado ¿Qué es lo que quieres? ¿Por qué lo quieres? ¿Cuándo lo quieres? ¿Quiénes te pueden ayudar? Mantén la decisión de trabajar por tus metas y continúa reprogramando tu subconsciente para así alcanzar tus sueños.

Ahora debes preguntarte:
¿Cuál de mis habilidades desarrollo mejor?

_____

_____

¿Qué actividad puedo hacer ahora mismo?

_____

_____

¿Qué cambio efectuaré en mi comportamiento?

_____

_____

¿Qué decisión estoy dispuesto a tomar hoy para la realización de mis sueños?

_____

_____

¿Qué hábitos estoy decidido a abandonar, si el hacerlo me ayudará a alcanzar mis metas?

_____

_____

¿Qué hábitos estoy resuelto a adquirir, si el hacerlo me ayudará a alcanzar mis metas?

_____

_____

Utiliza tus habilidades para lograr tener o llegar a ser lo que sueñas, pregúntate a ti mismo cuál es esa habilidad; además mantente aprendiendo, haciendo todos los días algo de acuerdo con tu plan de acción, analizando cuál de todas las acciones tienes que hacer ahora, escríbela y léela constantemente.

Toma nota de nuevas ideas que permitan mejorar tu plan.

- _____
- _____
- _____
- _____
- _____
- _____

No olvides hacer una lista de acciones que tú sabes que deberías haber hecho en el pasado y por una u otra razón no las hiciste, toma acción inmediatamente.

- _____
  _____
- _____
  _____
- _____
  _____
- _____
  _____

Haz una lista de mínimo diez metas que quieres lograr a largo plazo y escríbelas en tiempo presente y utilizando el pronombre "Yo", ejemplo: En lugar de decir; "Voy a tener una casa" di, "Yo tengo una casa", "Quisiera un carro de lujo" di, "Yo tengo un carro de lujo", "Quisiera ser profesor", di "Yo soy profesor" y así con cada uno de tus sueños. Esto es un condicionamiento positivo hacia un objetivo específico, creando así una actitud positiva.

1. Yo_____

_____

2. Yo_____

_____

3. Yo_____

_____

4. Yo_____

_____

5. Yo_____

_____

6. Yo_____

_____

7. Yo_____

_____

8. Yo_____

_____

9. Yo_____

_____

10. Yo _____

_____

Es ahora, el momento preciso para poner tu plan de acción en movimiento

La acción cura el miedo
y la indecisión

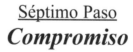

Séptimo Paso
Compromiso

¡No hay camino fácil!

Comprometerse va más allá de cumplir con un deber, es poner en juego nuestras capacidades para sacar adelante todo aquello en lo que confiamos.

Una persona comprometida es aquella que cumple con sus obligaciones haciendo un poco más de lo esperado, porque vive, piensa y sueña con sacar adelante a su familia, su trabajo, su estudio y todo aquello que se haya planteado. Es feliz con lo que hace hasta el punto de no ver el compromiso como una carga, sino como el medio ideal para perfeccionar su persona.

El logro de tus sueños es una responsabilidad 100% personal, pues nadie se va a preocupar más por tus sueños que tú mismo.

Es importante, cuando estés trabajando por tus sueños que aprendas a aceptar el rechazo, es bueno prepararse para aceptar muchos rechazos, no permitas que esto te detenga. La mayoría de personas cuando son rechazadas se desaniman, pierden su energía y se detienen, no es fácil querer cambiar tu vida y lograr tus sueños; no es fácil, cuando la gente te dice que estás perdiendo el tiempo, que estás loco y se ríen de ti;

muchas veces te cuestionarás si en verdad eso es lo que quieres.

La familia y a veces los amigos bienintencionados no pueden comprender que tan importante es construir tu vida con base en un sueño. Comentarios que ellos hacen pueden parecer crueles y sin cuidado. Sea honesto con usted y los demás sobre cómo desea ser tratado. Es difícil mantener tu espíritu emprendedor, se necesita mucho valor y debes tomar un compromiso firme.

Existen dos tipos de compromiso:

- **Compromiso físico.**
- **Compromiso de resultados.**

El primero, consiste únicamente en estar entusiasmado por los sueños pero no hacer nada al respecto; y estas personas sabiendo que necesitan hacer una lista de los sueños para tener así una gran motivación y desarrollar más energía para trabajar el plan de acción, nunca lo hacen o se pasan posponiendo la fecha de iniciar y muchas veces, aunque cuentan con personas que pueden trabajar juntos por algunos de los objetivos, evitan pedirle ayuda por el temor de tener que hacer algo al respecto y lo que es peor, pretenden que otras personas hagan las cosas por ellos y sino las hacen los culpan por no lograr sus objetivos.

Ahora, tampoco debes de justificarte tras el "Si yo hubiera..." "Si yo hubiera tenido educación", "Si yo hubiera nacido de padres millonarios". El "Si yo hubiera" es no asumir responsabilidad.

Muchas personas hablan como si en verdad estuvieran comprometidas, dicen lo correcto y aparentemente hacen su mejor esfuerzo, pero cuando llega el momento de la verdad buscan razones y no respuestas. Existen miles de excusas para no cambiar su estado confortable: "Si tuviera más tiempo" o "Si supiera hablar otro idioma" o "Si viviera en otro lugar". ¡Sólo excusas!

Avanza a pesar de los temores y obstáculos; no quiero que te justifiques tras tus condiciones y circunstancias por la que has vivido o estás atravesando. Recuerdo cuando en una oportunidad después de un seminario un joven se dirigió hacia mí y me dijo: *"Luis usted no conoce de dónde vengo yo, mis condiciones de pobreza nunca se las podrá imaginar"* y siguió hablando de todas las cosas malas que le habían sucedido, y yo le respondí que todo lo que había vivido hasta ese día era parte de su pasado, que debería aprender de esas experiencias, a hacer de todo eso un estímulo para ver hacia el futuro, y que de ahora en adelante era su propia responsabilidad si quería quedarse estancado o salir a luchar por lo que quería.

"Siempre hay formas para cambiar el rumbo de nuestra vida en cualquier lado que te dirijas"

Triunfar en cualquier aspecto de tu vida depende de ti. Piensa en el control que tendrás sobre tu vida si tomas absoluta responsabilidad por tu éxito. El éxito no es cuestión de suerte ni está reservado sólo para los intelectuales, la suerte es una simple excusa de los que no quieren aceptar su responsabilidad y tomar las riendas de su futuro, tú no eres como los barcos de papel que se dejan llevar hacia donde los vientos soplen, tu vida es el resultado de lo que has hecho.

Tú tienes el poder de controlar tus pensamientos, puedes controlar tus creencias, tu imaginación, tus emociones, todo para acercarte a tus metas; puedes distribuir tu tiempo, puedes controlar con quien te quieres asociar; es decir, puedes ser dueño consciente de ti mismo.

Ahora, aunque parece fácil, no lo es; la sociedad influye demasiado en las decisiones que tomamos a diario y eso contribuye a que haya tanto conformismo a nuestro alrededor y en el mundo. Por ejemplo en las escuelas si eres un estudiante aplicado te llaman por sobrenombres, los cuales tratan de desanimar a quien intente ser mejor. Lo mismo ocurre en el trabajo, si eres un buen empleado, serás querido por los jefes pero probablemente repudiado por tus compañeros, quienes se sentirán en desventaja y querrán hacerte sentir incómodo.

Toma en cuenta que si verdaderamente

quieres vivir tus sueños, debes asumir el **Compromiso de resultados**, esto quiere decir que ninguna excusa es aceptada, es una entrega total de tu parte.

Si te pones a trabajar, los resultados llegarán tarde o temprano; visualízate en tus objetivos y mejora constantemente tu actitud.

El aceptar responsabilidades es parte del compromiso al que me refiero, por supuesto encontrarás obstáculos; si luchas por algo, siempre se presentarán problemas en el camino; lo único por hacer, es lo que un buen hombre haría: enfrentarlos y seguir adelante.

El logro de tus sueños será el resultado de trabajar en tus metas con medios honestos y comprometiéndose a alcanzarlas.

<u>Octavo paso</u>
Fe

Anticipar y esperar lo bueno
Fe es saber que lo que no se ve, también puede existir y a partir de ahí es cuando

podremos descubrirlo, porque si estamos convencidos de que no hay nada más, así será, en cambio, si creemos en la posibilidad de las cosas y su existencia, estaremos abriendo las puertas a la evolución positiva de nuestro ser.

Tener fe es creer cuando resulta más fácil recurrir a la duda, es sacar siempre algo valioso de lo aparentemente inexistente.

No juzgues donde estás ahora y no pienses que toda tu vida vas a estar en el mismo lugar, porque si estás pasando por unos malos momentos, estos no vienen para quedarse, solamente para aprender de ellos; pero debes saber que hay una fuerza mayor a ti, a la cual necesitamos acudir para obtener los impulsos que nadie nos puede dar. Esa fuerza proviene de ese ser supremo en el que creemos; dile: "Señor, lo que sea que yo enfrente hoy, lo enfrentaremos juntos y yo sé que de alguna forma tú vas a ser un camino para mí".

La fe, es el principio unificador de la vida, que le da sentido, definición y dirección. La fe te enfoca hacia las metas y el futuro. La fe es la fuerza para vivir la vida, es la actitud del hombre que da origen a su capacidad de creer en el futuro y trabajar por el mañana.

La fe espiritual, es una de las más especiales y no es solamente mi opinión personal, ni porque los psicólogos lo dicen y los predicadores lo afirman, sino porque los científicos han comprobado que el ser humano fue diseñado física, mental y espiritualmente.

Podemos ver a través del estudio de la cultura, cómo nuestros ancestros adoraban al sol, la luna, las piedras; esto se debía a la necesidad de encontrar un soporte espiritual, lo que se conoce como fe. Ahora, si no te ha sucedido, probablemente un día te va a ocurrir, cuando necesites la ayuda de algo o de alguien que esté más allá del alcance humano, es en ese momento cuando muchas personas se arrodillan y dicen: "¡Oh Señor mío, ayúdame!".

Muchas veces tú no sabes cómo lo vas a hacer, pero él dijo: *"En tus momentos difíciles no te dejaré ni te desampararé"*. Hay momentos que toda la motivación del mundo no te puede ayudar, tienes que vivir de ese poder y recuerda: "Si tú pones a Dios primero tú nunca serás segundo", con esta fuerza especial no hay forma de no lograr tus sueños, lo que sea, si es ser un mejor padre o esposo, salir de una adicción, tener un mejor estilo de vida, él te va a dar el valor para nunca renunciar a tus sueños.

Piensa y analízalo. ¿Cuánto tiempo estás invirtiendo por semana para practicar esa fe espiritual? Si no lo estás haciendo puedes empezar ahora y te prometo que tu vida va a cambiar.

Analiza lo siguiente; para mí, *Fe* es anticipar y esperar lo bueno. Pero hay que tener mucho cuidado con el temor porque son la misma fuerza. ***Temor***, es anticipar y esperar lo que no quieres que pase. ¿Y sabes qué? Cuando empieces a luchar por tus sueños no dudes jamás, porque, la menor pizca de duda y ya fracasaste. Trabaja por tu sueño a pesar del temor y recuerda esta frase que dijo mi mentor Alex Dey:

"Haz lo que más temas y
vencerás el miedo".

Por eso debes de tener fe, y ahí es donde reforzamos lo que decíamos anteriormente que debes creer, debes creer que a partir de este instante estás listo para lograr todos tus sueños. Vas a escuchar una voz dentro de ti que te dice "Hazlo, no te detengas". Yo sé que es difícil explicar un sentimiento y al mismo tiempo es más difícil hacer lo que ese sentimiento te pide; muchas veces tienes que renunciar a un estado estable y lanzarte a hacer algo nuevo, pero en tu interior sabes que eso es lo que te gustaría hacer por el resto de tu vida.

<u>Noveno paso</u>
Disciplina

**Haz diariamente lo que es preciso
hacer y en el momento oportuno…
y tus sueños pronto se cumplirán.**

◆

La disciplina es la capacidad de actuar de manera ordenada para conseguir un objetivo. Ésta exige un orden y una dirección para poder lograr más rápidamente lo propuesto; no obstante la principal necesidad para adquirir este valor es la exigencia a nosotros mismos de un esfuerzo "extra" para ir creando las cosas de la mejor manera. Quien se sabe exigir a sí mismo se hace comprensivo con los demás y aprende a trabajar y a darle sentido a todo lo que hace. La disciplina es indispensable para que elijamos con firmeza por el mejor de los caminos.

Este valor es fundamental y básico para poder desarrollar muchas otras virtudes, sin la disciplina es habitualmente imposible tener fortaleza y prudencia ante las adversidades que se presentan día a día.

Si revisas un poco la historia, te encontrarás con ejemplos de diferentes personalidades que se destacaron por su alto sentido de disciplina y constancia, lo cual los llevó a obtener grandes triunfos.

El realizar con amor y constancia su quehacer y practicarlo diariamente convierte al ejecutante en un maestro, ya sea un director de orquesta, un catedrático o un deportista; día a día avanza poniendo en práctica y perfeccionando su plan que lo llevará a la realización de sus más profundos deseos.

Debes establecer la disciplina de diariamente salir a trabajar por tus objetivos, entregado en cuerpo, alma y toda pasión a lograrlos. Recuerda, que un esfuerzo de vez en cuando no sirve de mucho.

<u>Décimo paso</u>
Persistencia

La victoria siempre será de quien persevera.

Si has definido claramente tus sueños y has elaborado un plan de trabajo con un tiempo o plazo límite, solamente te resta:

¡Perseverar!

Partiendo de que has seguido todos los pasos aquí expuestos y si verdaderamente te dedicas a hacer lo que te gusta, tu trabajo se volverá placentero. Pon tu plan de trabajo en acción porque las metas no se logran solas, no te desenfoques de tus objetivos y persevera.

Las personas que han alcanzado sus sueños, se enfocaron en ellos todos los días, a cada instante y a pesar de los obstáculos siempre tuvieron la mentalidad de persistir; todo ser humano debe desarrollar grandes virtudes como la fe en triunfar y paciencia, porque es un proceso de tiempo y preparación; además, las cosas no siempre pasan cuando tú quieres que pasen, vivimos en un mundo donde la gente está acostumbrada a tener remuneración inmediata, lo quieren todo ahora mismo, quieren lograr sueños y no quieren hacer esa transformación, pero recuerda que vale la pena, vale la pena esforzarte por tus sueños, porque si estás trabajando para otra persona estás trabajando por los sueños de otros y nunca vas a experimentar la verdadera autorrealización. La verdadera libertad.

A Thomas Alva Edison, el creador de la bombilla eléctrica y un sin número de inventos más, muchos lo catalogaron como un genio a lo cual él dijo:

"El genio se encuentra dentro de nosotros mismos y es únicamente la facultad de efectuar esfuerzos continuos".

Sus descubrimientos eran producto del uno por ciento de inspiración y el noventa y nueve por ciento de persistencia.

Por lo tanto no olvides que eres un ser dotado de grandes cualidades y talentos, capaz de lograr todo objetivo que te propongas; debes estar dispuesto a desarrollar constantemente tu potencial, aprende a controlar tus emociones; y cada uno de tus sueños vívelos en tu corazón hasta convertirlos en un deseo ardiente. Al descubrir las razones del porqué cada uno de estos objetivos son importantes, aumentará la creencia en ti mismo y la seguridad de que van a mejorar tu vida.

Toma la decisión irrevocable de alcanzar tus sueños y vivir por ellos, continúa reprogramando tu mente con información positiva para mejorar tu actitud y desarrolla buenos hábitos;

trabaja siempre basado en tu plan de acción, con la convicción de que lograrás tus metas, vencerás cualquier obstáculo y sigue adelante, debes asumir toda responsabilidad y hacer todo lo necesario para lograr cuanto antes que tus sueños se conviertan en realidad; anticipa y espera lo bueno, por que como ya sabes, existe una fuerza especial que nos da la confianza, dirección y propósito de trabajar por el mañana; establece la disciplina de diariamente salir a luchar, trabaja día y noche, sacrifica tu tiempo y tranquilidad, pierde el temor al rechazo para lograr todo lo que tú quieres.

Todos los días debes hacer algo que te acerque un poco más hacia el logro de tus aspiraciones, orientado en lo que quieres y con la convicción de que lo alcanzarás en cualquier momento.

Mantente en una actividad permanente, consérvate siempre ocupado y entusiasmado por emprender nuevos retos y en aprendizaje incesante ya que nunca se es demasiado tarde para aprender. Los resultados que obtengas serán la consecuencia lógica de tu trabajo y tu actitud. Fíjate es este esquema:

> *Pobre trabajo* ➤ *Ningún resultado*
> *Buen trabajo* ➤ *Pobres resultados*
> *Excelente trabajo* ➤ *Buenos resultados*
> *Extraordinario trabajo* ➤ *Excelentes resultados*

Quien persiste en hacer un trabajo extra a lo ordinario será quien obtenga la mayor satisfacción. Por lo tanto el éxito que tengamos en nuestra vida, depende en gran parte de la acción, la perseverancia y el optimismo.

Si estás dispuesto a vivir tus sueños, toma en serio toda esta información y de seguro podrás convertirte en ese ser extraordinario que tanto quieres ser.

Triunfar en la vida no es cuestión de casualidad sino de preparación; prepárate y de seguro vas a lograr tus sueños.

Querido amigo recuerda que la vida sin un sueño, no tiene sentido y nada puede hacerte renunciar a tus sueños. Lucha por lo que quieres con toda tu fuerza, capacidad, fe y convicción.

¡Y con la ayuda de Dios,
tú lo vas a lograr!